KELTEN

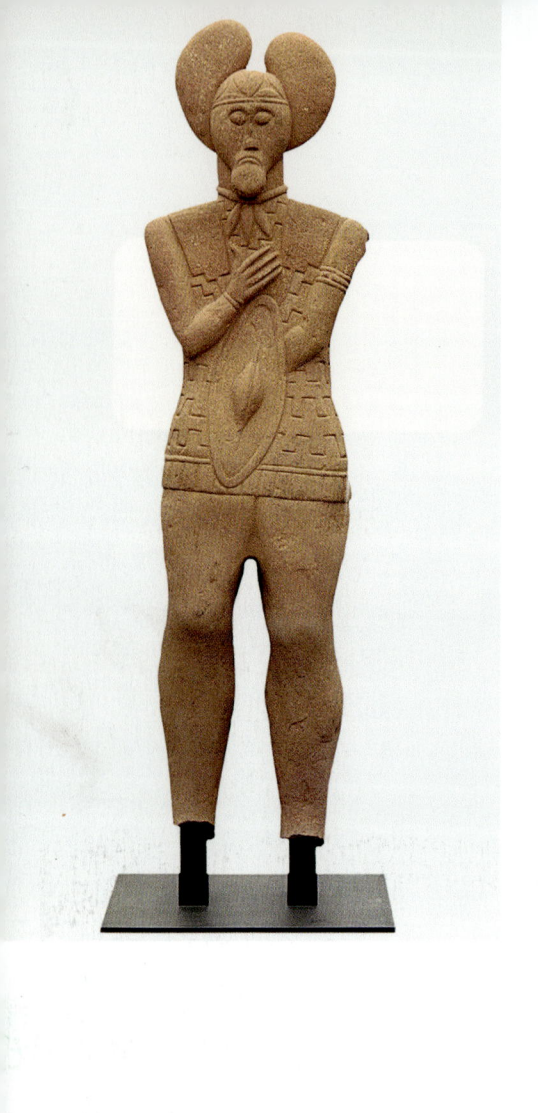

DUMONT

KELTEN

Ein Schnellkurs

Ulrike Peters
geboren 1957, studierte Vergleichende Religionswissenschaft,
Altamerikanistik und Ethnologie in Bonn und Wien. Promotion in Bonn.
Wissenschaftliche Mitarbeit am Nationalmuseum für Anthropologie in
Mexico City und an den Universitäten in Bonn und Paderborn. Heute als
Dozentin in der Erwachsenenbildung und als Sachautorin tätig. Bei
DuMont erschienen von ihr die Schnellkurse »Altes« Mexiko (2004),
»Esoterik« (2005) und »Kirchengeschichte« (2008).

Umschlagvorderseite:
Ruine des Oratoriums des Mönchsklosters auf Inishmore,
4. Jahrhundert n. Chr. (Jeanette Spenlen, Bonn)

Umschlagrückseite (von oben nach unten):
Innenansicht des Tempels auf dem Martberg (Ulrike Peters, Bonn)
Eingangstor zum Oppidum am Dünsberg bei Gießen, Rekonstruktion (Ulrike Peters, Bonn)
Keltenpaar aus Britannien nach einem Gemälde von Peter Connoly

Frontispiz:
Statue des Fürsten vom Glauberg (dpa picture alliance/
akg images, Frankfurt am Main)

Bibliografische Information der Deutschen Bibliothek
Die Deutsche Bibliothek verzeichnet diese Publikation in
der Deutschen Nationalbibliografie; detaillierte bibliografische
Daten sind im Internet über http://dnb.db.de abrufbar.

Originalausgabe
© 2011 DuMont Buchverlag, Köln
Alle Rechte vorbehalten
Verlagskoordination: Teresa Grenzmann
Layout und Satz: Manuela Larrain Lagos, Köln
Druck und buchbinderische Verarbeitung: Rasch, Bramsche

Printed in Germany
ISBN 978-3-8321-9319-5

www.dumont-buchverlag.de

Vorwort	6

Einleitung
Was ist keltisch? Viele Antworten auf eine Frage	8
Versoffen und kriegsbesessen: Keltenbilder von der Antike bis heute	17

Die Festlandkelten
Hallstattkultur: Keltische Fürsten und ihre Gräber	22
Die frühe Latènezeit: Die keltische Welt im Wandel	29
Über die Alpen bis Kleinasien: Die Zeit der keltischen Wanderungen	33
Die Galater: Ankara als keltische Hauptstadt	40
Die Keltiberer: Als Spanien noch nicht spanisch war	43
Die Gallier: Von Vercingetorix bis Asterix	45
Exkurs: Oppida – Die ersten Städte in Mitteleuropa	52
Die gallorömische Kultur: Keltisches Erbe und römische Kultur	54

Die Inselkelten
Die Anfänge: Stonehenge und andere Irrtümer	60
Irland: Keltische Mönche als Missionare in Europa	65
Schottland: Das Königreich Dál Riata	76
Wales: Kelten als Fremde im eigenen Land	80
Die Bretagne: Inselkeltisches Erbe auf dem Festland	82

Keltische Kultur
Fürsten, Könige und Krieger: Die Gesellschaft	86
Mutig und kriegerisch – keltische Frauen	94
Eisen, Ackerbau und Viehzucht: Die Wirtschaft	99
Exkurs: Der Handel	104
Menschenopfer, Schädelkult und viele Götter: Keltische Religion	107
Druiden – Mythos und Wirklichkeit	120
Gallorömische Religion: Die Vereinigung keltischer und römischer Götter	124
Waffen, Schmuck und Gräber: Die Vielfalt keltischer Kunst	128
Von Helden, Elfen und Feen: Keltische Literatur	135
Arthur und seine Tafelrunde – ein Stück keltische Weltliteratur	142

Kelten heute
Man spricht keltisch: Sprache als keltisches Erbe	150
Renaissance der Kelten: Keltenromantik und Keltenideologie	153
Die Nebel von Avalon: Neue Kelten und Druiden	162
Die Kelten und wir: Resümee	175

Anhang
Glossar	180
Museen und Stätten keltischer Geschichte und Kultur	183
Literatur	186
Register	188
Bildnachweis	191

Vorwort

Die Kelten, eines der geheimnisvollsten und bedeutendsten Völker in Europas Vergangenheit, erfreuen sich nach wie vor großer Beliebtheit. Als Neukelten stehen sie heute immer wieder in den Schlagzeilen, sei es durch die Anerkennung der Druidenreligion als offizielle Religionsgemeinschaft in Großbritannien oder aufgrund neuer archäologischer Funde. Die Bandbreite der Keltenrenaissance reicht von Museumsausstellungen keltischer Kunst bis zu romantischen Keltenfesten, von wissenschaftlichen Keltenkongressen bis zu esoterischen Druidenseminaren, von Fachliteratur zur keltischen Kultur über die Comicserie »Asterix« und J.R.R. Tolkiens Roman »Der Herr der Ringe« bis zu Büchern über keltische Mystik und Heilkunst. Last but not least gilt vor allem Halloween als keltisch, das heute mehr Beachtung findet als das christliche Allerheiligenfest. Trotzdem fehlte bisher eine kurze, verständliche Einführung in die keltische Geschichte und Kultur, in der nicht nur die historischen Kelten, sondern auch die Neukelten der Gegenwart berücksichtigt werden.

Wer waren die Kelten wirklich? Auf diese Frage gibt es viele Antworten. Denn zum einen besteht eine Vielzahl von Keltenbildern und -klischees, zum anderen umfasst das, was als »keltische Kultur« bezeichnet wird, einen Zeitraum von 2800 Jahren. Geografisch gesehen reichte die keltische Kultur von Europa bis ins ferne Kleinasien (Anatolien, Türkei), wo zum Beispiel die Kelten lebten, die der Apostel Paulus in seinem »Brief an die Galater« angesprochen. Keltische Hügelgräber, Ringwälle und Schanzen sowie eine Reihe hochrangiger Kunstwerke in zahlreichen Museen zeugen auch in Deutschland von einer keltischen Vergangenheit. Die keltische Dichtung der Arthursage ist in die Weltliteratur eingegangen und erfährt bis heute eine starke Nachwirkung. Den Kelten sind in Gestalt irischer Mönche die Ausbreitung des Christentums in Mitteleuropa, die Bewahrung antiken Bildungsguts und somit Grundlagen der europäischen Kultur des Mittelalters zu verdanken.

»Kelten« ist letztlich eine zusammenfassende Bezeichnung für die Völker keltischer Sprache, wobei nicht von einer einzigen, einheitlichen Kultur auszugehen ist, die von der vorrömischen bis zur mittelalterlichen Zeit reicht. Es muss zwischen den Festlandkelten in Mitteleuropa und auf der Iberischen Halbinsel in der Eisenzeit (der jüngeren Hallstattkultur, 6. bis 5. Jahrhundert v.Chr.) und der La-Tène-Kultur (5. bis 1. Jahrhundert v. Chr.) beziehungsweise der Antike und den Inselkelten in Irland, Schottland und Wales in der römischen und mittelalterlichen Zeit unterschieden werden. Noch heute werden keltische Sprachen in Irland, Schottland, Wales und in der Bretagne gesprochen.

Die Erforschung der Kelten wirft oft mehr Fragen auf, als dass sie Antworten geben kann, da die archäologischen und literarischen Quellen nur fragmentarisch überliefert sind. Dies gilt vor allem für Zeugnisse über die Druiden. Doch gerade diese Forschungslücken, mit denen sich die Keltologie bislang zufriedengeben musste, lassen Raum für zahlreiche fantasievolle Spekulationen. So kommt es, dass zum Beispiel Stonehenge irrtümlich als keltische Errungenschaft angesehen wird (obwohl die Anlage viel älter ist), sich das keltische Baumhoroskop (das es erst seit den 1970er-Jahren gibt) und die angeblichen Druidenweisheiten großer Beliebtheit erfreuen. Aber auch diese Keltenrenaissance ist als Nachwirkung Teil der keltischen Geschichte.

Ziel des vorliegenden Buches ist es, einen Überblick und eine erste Orientierung zum Thema »Kelten« zu vermitteln. Neben einem Glossar und Literaturtipps zum Weiterlesen bietet der Anhang ferner eine umfangreiche Auflistung von Museen und Stätten keltischer Geschichte und Kultur. Insgesamt werden nicht nur Geschichte und Kultur der historischen Kelten, sondern auch die heutigen neuen Kelten und Druiden ausführlich und von einem neutralen Standpunkt aus behandelt.

Ulrike Peters

Einleitung

Die Geschichte der Kelten umfasst einen Zeitraum von der Eisenzeit über die Römerzeit und das Mittelalter bis zur Gegenwart. Geografisch reichte die keltische Kultur von Irland, Schottland und Wales über Mitteleuropa und Spanien bis ins ferne Kleinasien. Informationen über die Kelten besitzen wir vor allem aufgrund archäologischer Funde, der antiken Schriften griechischer und römischer Autoren, der christlichen Literatur des Mittelalters aus Irland, Schottland und Wales und schließlich aufgrund der Erkenntnisse der Sprachwissenschaft. Das Ursprungsgebiet der Kelten ist Mitteleuropa, wo sie zunächst als Träger der späten Hallstatt- und La-Tène-Kultur in den Bereichen von Süddeutschland, Westösterreich, der Schweiz und Ostfrankreich auftreten. Seit der späten La-Tène-Kultur wird Gallien (nördlich der Alpen bis zum Rhein, im Westen bis zum Atlantischen Ozean und zu den Pyrenäen) das Hauptgebiet der Kelten, wo sie als »Gallier« bekannt werden. Auf der Iberischen Halbinsel bezeichnet man die Kelten als »Keltiberer«. Auf ihren Wanderungen in Richtung Süden, die um 400 v.Chr. beginnen, gelangen die Kelten bis Kleinasien, wo sie als »Galater« in dem nach ihnen genannten Gebiet Galatien siedeln.

Das Altburg-Festival in dem rekonstruierten Keltendorf bei Bundenbach im Hunsrück ist heute ein beliebtes Ausflugsziel für alle, die sehen möchten, wie die Kelten früher gelebt haben.

Was ist keltisch?
Viele Antworten auf eine Frage

Bei der Frage, was genau »keltisch« sei, ist zu unterscheiden zwischen dem wissenschaftlichen und dem romantischen Keltenbild. Zum einen besteht bis heute eine Vielzahl von Klischees, die mehr oder weniger kaum etwas mit der ursprünglichen keltischen Kultur zu tun haben, aber als Nachwirkung einen Teil keltischer Geschichte darstellen. Zum anderen ist aber auch das, was man in der Wissenschaft als »keltische Kultur« bezeichnet, vielfältig und nicht immer genau definiert, umfasst die keltische Geschichte doch immerhin einen Zeitraum von der Eisenzeit (6. bis 1. Jahrhundert v.Chr.) über die Römerzeit (4. Jahrhundert v.Chr. bis 3. Jahrhundert n.Chr.) und das Mittelalter (4. bis 15. Jahrhundert n.Chr.) bis zur Gegenwart. Geografisch gesehen erstreckte sich die keltische Kultur von Irland und Schottland über Mitteleuropa und Spanien bis nach Kleinasien.

Eine allgemein akzeptierte Definition dessen, was genau »keltisch« sei, gibt es auch in der Wissenschaft nicht. Zwar gehen die meisten Forscher von einem Zeitraum von der Eisenzeit bis heute für die keltische Kultur aus, aber es gibt einige, die so weit gehen, zu behaupten, dass es eine keltische Kultur so nie gegeben habe. Ursache für diese gravierenden Unterschiede sind die Kriterien, die für eine mögliche Definition der Kelten zugrunde gelegt werden. Diese Kriterien können sprachwissenschaftlicher (nach der Präsenz keltischer Sprachen) oder archäologischer Art (nach den archäologischen Funden wie zum Beispiel den Fürstengräbern) sein, aber auch von den ethnografischen Schriftquellen der Antike (von Autoren wie zum Beispiel Poseidonios, Diodor von Sizilien, Strabon, Athenaois oder Caesar) ausgehen.

Die Bezeichnung »Kelten« (von griechisch »keltoi«, lateinisch dann »celtae« oder »galli« = die Tapferen, die Edlen) stammt – ebenso wie die der Germanen – aus den ethnografischen Schriften der griechischen und römischen Antike. Sie wurde in der Neuzeit für die Geschichtsschreibung, Archäologie und Sprachwissenschaft übernommen. Doch die Diskussion über eine allgemeingültige Definition hält an, denn die Bezeichnung »Kelten« stellt sich, wie Keltologen aufzeigen, in den Bereichen der antiken Ethnografie, in der Archäologie und in der Sprachwissenschaft unterschiedlich dar: In der griechischen und römischen Literatur ist der Begriff »Kelten« eine uneinheitliche Sammelbezeichnung für eine Reihe von Ethnien in Mittel- und

Einleitung

Archäologische Funde sind Teil der Zeugnisse, die über die Kelten und ihre Kultur Aufschluss geben. Doch deren Auswertung ist oft nicht einfach. So wird die Umfassungsmauer des Oppidums bei Otzenhausen (Saarland) aus dem 1. Jahrhundert v.Chr. oft fälschlicherweise als »Hunnenwall« bezeichnet.

Westeuropa – mit Ausnahme von Britannien und Irland.

In der Archäologie wird die jüngere Westhallstattkultur (6. bis 5. Jahrhundert v.Chr.) und La-Tène-Kultur (5. bis 1. Jahrhundert v.Chr.) als »keltisch« eingeordnet, nicht dagegen die ältere Hallstattkultur (8. bis 7. Jahrhundert v.Chr.). Für die La-Tène-Kultur liegen sowohl archäologische Funde als auch antike schriftliche Quellen vor, die Aufschluss über die keltische Kultur geben. Die antiken Quellen bestätigen zudem, dass die Träger der La-Tène-Kultur keltisch sprachen.

In der Sprachwissenschaft geht man von einer Verwandtschaft der Sprachen aus. Die keltische Sprache gilt als Hauptzweig der indogermanischen Sprachen, der sich deutlich von den germanischen oder romanischen Sprachen abgrenzt. Es werden die Sprachen des Festlandkeltischen (Gallisch mit Galatisch, Keltiberisch und Lepontisch) und des Inselkeltischen unterschieden. Bei den inselkeltischen Sprachen wiederum unterscheidet man die goidelische Sprachgruppe mit den Sprachen Irisch, Gälisch und Manx und die britannische Sprachgruppe mit den Sprachen Kymrisch, Kumbrisch, Kornisch und Bretonisch. Demnach waren die Kelten – im Unterschied zu den Angaben in der antiken Literatur – auch in Britannien und Irland präsent.

Bei einer Kennzeichnung der Kelten nach antiker

Ethnografie, Archäologie und Sprachwissenschaft sind folgende Fakten als Einschränkungen und Einwände zu beachten: Die vorliegenden Schriftquellen stammen einerseits von griechischen und römischen Autoren der Antike und beziehen sich auf die Festlandkelten, andererseits bezieht sich christliche Literatur des Mittelalters auf die Inselkelten in Irland, Schottland und Wales. Die ethnografischen Schriftquellen der Antike entsprechen nicht den Kriterien der modernen Wissenschaft, da sie in stark subjektiver und selektiver Weise über die Kelten berichten. So verfolgte zum Beispiel Caesar mit seinem Geschichtswerk »Der Gallische Krieg«, einem der wichtigsten Augenzeugenberichte über die Kelten und die Kriege mit ihnen in den Jahren von 58 bis 51 v.Chr., politische Ziele und nicht zuletzt den Erfolg seiner eigenen politischen Karriere. Caesar führte auch eine Unterscheidung der Kelten, die im linksrheinischen Gebiet lebten, von den rechtsrheinisch beheimateten Germanen ein. Ihm genügte es, für Rom und seine politischen Ziele das Gebiet links des Rheins und nicht das rechtsrheinische zu erobern. Außerdem hatten die Autoren der Antike völlig unterschiedliche Vorstellungen davon, welche Stämme den Kelten zuzuordnen sind oder nicht. So werden teilweise auch die Germanen als Kelten bezeichnet, während die Inselkelten nicht als Kelten gelten.

Für die ethnische Identität der Kelten war die Zugehörigkeit zu einem Stamm entscheidend. Ob es darüber hinaus eine ethnische Identität beziehungsweise das Bewusstsein für eine größere ethnische Einheit gab, wissen wir nicht. Zumindest gab es keinen keltischen Staat. Wir wissen nur, dass die antiken Autoren eine bestimmte Anzahl von Stämmen als »Kelten« bezeichneten und somit offensichtlich von einem »Volk« (heute »Ethnie«) der Kelten ausgingen. Aber mit der Eroberung Galliens durch die Römer, der dadurch erfahrenen Krise, die Krieg und Unterdrückung mit sich brachte, und der Einordnung als Kelten von außen

Einleitung

durch die Römer entstand sicher auch bei den Kelten ein über den Stamm hinausgehendes Bewusstsein, zu den Kelten zu gehören, wie es sich nicht zuletzt auch beim Aufstand des Vercingetorix deutlich zeigt, von dem nachfolgend noch die Rede sein wird.

Zur Erläuterung der keltischen Identität sei kurz auf die Entstehung einer ethnischen Identität eingegangen: Der Begriff »Ethnie«, der heute statt des belasteten Begriffs »Volk« verwendet wird, ist ein taxonomischer Begriff, also einer, der einer Klassifizierung dient. Ethnische Identität ist eine Form der kollektiven Identität aufgrund gemeinsamer Traditionen in beliebiger Anzahl und Kombination: Abstammung, Geschichte, Sprache, Religion, Lebensraum etc. Ob diese Traditionen sich auf einen realen oder fiktiven Ursprung berufen, ist nicht entscheidend, sondern das Wir-Bewusstsein, das Zugehörigkeitsgefühl der einzelnen Person zu einer Gruppe. Die ethnische Gruppe entsteht und stabilisiert sich durch Abgrenzung von anderen Gruppen und Interaktion mit anderen Gruppen. Ethnische Identität ist kein statischer Zustand, sondern ein dynamisch-kreativer Prozess mit latenten und – in Krisen- und Kriegszeiten – aktiven Phasen. Dafür sind allein soziale Faktoren wie die kollektive Identität und die Interaktion mit anderen Gruppen oder die Abgrenzung von diesen ausschlaggebend, nicht objektive Kriterien, und vor allem die eigene Zuordnung zu Gruppe A, selbst wenn objektive Kriterien für eine Zuordnung zu Gruppe B sprechen. Ein modernes Beispiel: Der Sohn deutsch-türkischer Eltern, in Deutschland geboren und aufgewachsen, ist als Türke anzusehen, wenn er sich selbst als solcher fühlt und von seiner Umwelt als solcher eingestuft wird, selbst wenn er vielleicht gar nicht einmal Türkisch spricht. Allerdings kann er sich auch als Deutscher fühlen, als solcher von seiner Umwelt gesehen werden und ist dann als Deutscher einzuordnen. Dieses Beispiel zeigt zugleich die Schwierigkeit auch in der Gegenwart, eine

Gruppe als Ethnie einzugrenzen. Wie die Geschichtsschreibung belegt, haben die Kelten sowohl mit Abwehr gegen die Romanisierung (durch Aufstände) als auch mit Assimilierung (durch Übernahme der römischen Kultur) reagiert. Für die Entstehung romantischer Keltenbilder vom 18. Jahrhundert bis heute ist ebenso der Aspekt des ethnischen Bewusstseins insofern entscheidend, als hier die keltische Kultur in hermeneutisch-selektiver Weise jeweils für die gegenwärtige Situation, vor allem auch nationale Interessen, aktualisiert wird: Die keltische Vergangenheit wird dabei selektiv – zum Beispiel, indem man negative Phänomene wie Menschenopfer weglässt – wiederbelebt.

Vercingetorix vereinigte die Stämme der Gallier in einem Aufstand 52 v.Chr. gegen Caesar. Im 19. Jahrhundert wurde er zum Symbol nationaler Identität in Frankreich. Bronzedenkmal, 1865.

Archäologisch gesehen gelten zwar die Funde der späten Hallstattzeit und der La-Tène-Zeit allgemein als Zeugnisse der »keltischen« Kultur, aber über die konkrete Definition dessen, was keltisch oder nicht keltisch sei, besteht keine einheitliche Meinung unter den Archäologen. Für die Hallstattzeit liegen nur archäologische Zeugnisse vor, für die La-Tène-Zeit liegen sowohl archäologische Zeugnisse als auch schriftliche Quellen der antiken Autoren vor.

Sprachwissenschaftlich gesehen sind die inselkeltischen Sprachen zwar mit den festlandkeltischen der Antike verwandt, haben aber auch Ähnlichkeiten mit den hamito-semitischen Sprachen in Nordafrika. Und die keltischen Sprachen Irlands und Wales haben sich so weit auseinanderentwickelt, dass eine Verständigung zwischen Bewohnern beider Länder nicht mehr möglich ist.

Neben den nicht immer sicheren wissenschaftlichen

Einleitung

Fakten und Befunden stellen die Keltenideologie, die Keltenromantik und die Keltenbegeisterung einen wesentlichen Bestandteil der populären Vorstellung von den Kelten dar. Während die Keltenideologie die keltische Geschichte und Kultur selektiv auf Basis nationaler, politischer oder weltanschaulicher Vorstellungen und nationaler Identität auslegt, tendiert die Keltenromantik eher zu einer unpolitisch-neutralen, esoterisch-religiösen Begeisterung für keltische Geschichte und Kultur. Beide Bereiche vermischen sich jedoch in der Praxis und sind kaum voneinander zu trennen. Auch wissenschaftliches Interesse vermengte sich häufig mit der Keltenromantik, so zu Beginn der wissenschaftlichen Erforschung der Kelten, als man Stonehenge irrtümlich noch als keltische Anlage deutete. Das war damals nicht anders als heute, wenn zum Beispiel lokale Geschichtsvereine Führungen zu Keltengräbern veranstalten, die in Wirklichkeit keine sind.

Die wichtigsten antiken Quellen über die Kelten
Als Erster erwähnt Herodot (um 490–424 v.Chr.) in seinem »Geschichtswerk« die Kelten. Polybios (200–120 v.Chr.) ist der erste antike Autor, der ausführlicher über die Kelten und über ihre Einwanderung nach Italien um 400 v.Chr. sowie ihre Kämpfe mit den Etruskern und Römern berichtet. Der stoische Philosoph Poseidonios (135–50 v.Chr.) ist der erste Augenzeuge, der den Süden Galliens aufgrund seiner Reisen aus eigener Erfahrung kannte. Das Werk »Geschichte« von Poseidonios wird oft zitiert, ist als Original jedoch nicht mehr erhalten. Vor allem Diodor, aber auch Strabon, Athenaios und Caesar benutzten Poseidonios Geschichtswerk als Quelle für ihre Berichte über die Kelten. Diodor von Sizilien (auch Diodorus Siculus, † 21 v.Chr.) beschreibt Gallien und Britannien im 5. Buch seiner »Historischen Bibliothek« ausführlich. Strabon (um 64 v.Chr.–21 n.Chr.) kannte Poseidonios noch persönlich und berichtet im 4. Buch seiner »Erdbeschreibung« über Gallien, Britannien, die Iberische Halbinsel, Italien und Galatien. Gaius Julius Caesar (100–44 v.Chr.) schließlich ist der bekannteste der antiken Autoren und wichtigste Augenzeuge, der über die Kelten schrieb. In seinem Werk »Der Gallische Krieg«, heute noch Lektüre im Lateinunterricht, beschreibt er den Krieg, den er als Feldherr in Gallien von 58 bis 51 v.Chr. führte. Er kannte nicht nur Gallien aus eigener Erfahrung, sondern bereiste auch rechtsrheinisches Gebiet und kam nach Britannien. Insbesondere Caesar gilt als Paradebeispiel für eine tendenziöse Geschichtsschreibung, denn er schrieb »Der Gallische Krieg«, um sich politisch zu rechtfertigen und beruflichen Erfolg zu erlangen. Als spätere Autoren sind Plinius der Ältere (23–79 n.Chr.) mit seiner »Naturgeschichte«, Tacitus (58–120 n.Chr.) mit seinen Werken »Annalen« und »Agricola« sowie Amminanus Marcellinus (330–395 n.Chr.) und Isidor von Sevilla (560–636 n.Chr.) zu nennen.

Was ist keltisch? Viele Antworten auf eine Frage

Keltenromantik heute. Ein Druide vor dem Mount St. Michaels in Penzance (Cornwall, England) anlässlich einer Sonnenfinsternis. Typisch ist sein weißes Gewand.

Die Keltenideologie und Keltenromantik beginnt mit der Neuzeit. Seitdem dient der Begriff »Kelten« nicht selten zur Bestimmung der eigenen nationalen Identität und zur Abgrenzung eines Landes, wobei in Irland, Schottland, Wales und der Bretagne die keltische Sprache im Vordergrund des Interesses stand, in Frankreich und Österreich dagegen die keltische Geschichte und Kultur. In Deutschland galten die Germanen als Basis der nationalen Identität, was jedoch mit dem Nationalsozialismus in Misskredit geriet. So findet heute zum Beispiel ein »keltisches« Festival eher Zuspruch als ein »germanisches«. In der Esoterikszene ist seit den 1970er-Jahren eine anhaltende Begeisterung für die Kelten und Germanen zu beobachten. Den Neukelten beziehungsweise Neuheiden und vor allem den neuen Druiden geht es um eine Wiederbelebung keltischer Tradition, vor allem der keltischen Religion nach dem Motto: Nicht das Christentum, sondern das Heidentum ist die für Europa adäquate Religion. Das Spektrum reicht von größeren neukeltischen Gruppierungen wie Order of Bards Ovates and Druids (OBOD) und A Druid Fellowship (ADF) in England oder der Europäisch-Keltischen Gemeinschaft (EKG/ECC) in Deutschland und Frankreich über unzählige kleine Gruppen bis hin zu Keltenfestivals an historischen Or-

Einleitung

Keltenpaar aus Britannien nach einem Gemälde von Peter Connoly (*1935) auf der Grundlage von Funden: Das gemusterte Frauengewand ist nach Moorfunden in Dänemark gestaltet. Der Schmuck der Frau, das Kettenhemd sowie das Schwert des Mannes sind nach Grabfunden in Yorkshire gezeichnet.

ten wie zum Beispiel in dem rekonstruierten Keltendorf bei Bundenbach.

Keltenromantik, Keltenideologie und Neukeltentum mag man als nicht authentisch und Fantasie ablehnen, aber sie sind als Nachwirkung Teil der Geschichte der Kelten. Außerdem sei angemerkt, dass sich die keltische Kultur der Antike, bestünde sie kontinuierlich bis heute, sicher verändert hätte. Man stelle sich einmal vor, die Festlandkelten wären nicht von den Römern und später den Franken zurückgedrängt worden und bis zur Gegenwart präsent. Die keltische Kultur hätte sich in diesem Fall im Laufe der Zeit wie alle anderen Kulturen auf der Erde verändert, das Leben der Kelten sähe heute anders aus als in der Antike, eben »modern«. Tradition ist kein statisches, unveränderliches Phänomen, sondern unterliegt zeitlichen Veränderungen: Stößt sie auf Widerstand oder erweist sich als nicht mehr zeitgemäß, verändert sie sich oder wird abgeschafft. Ferner unterliegt die Tradition fremden Einflüssen, deren Elemente übernommen und in die eigene Kultur integriert werden. Zur Veranschaulichung genügt ein Blick auf die heutigen Kulturen nordamerikanischer Indianer. Vor allem deren Religionsgemeinschaften wie die Shakerkirche, die Native American Church oder die Peyotereligion wurden wesentlich von der christlichen Religion geprägt, stehen aber ihrem Selbstverständnis nach in indianischer Tradition. Und gerade dieses Bewusstsein ethnischer beziehungsweise indianischer Identität, ob es real und historisch zutrifft oder nicht, ist entscheidend für die Einordnung als Indianer, sowohl für diese selbst als auch für Außenstehende. Die Indianerromantik der 1970er-Jahre und die moderne Esoterik seit den 1980er-Jahren hatten nicht selten ebenfalls Einfluss auf indianisches Selbstverständnis und indianische Kultur und Religion von heute.

Versoffen und kriegsbesessen:
Keltenbilder von der Antike bis heute
Versoffen und kriegsbesessen, kein Geringerer als Platon (427–347 v.Chr.) schreibt diese Eigenschaften erstmals den Kelten zu, die diese seitdem nicht mehr loswurden. Nach Aristoteles (384–322 v.Chr.), Schüler von Platon, waren die Kelten stolz, mutig und kriegerisch, aber ohne besondere geistigen Fähigkeiten, sprich dumm. Groß, hellhäutig, rotblondes Haar, wild aussehend und streitsüchtig – so schildert sie der römische Historiker Ammianus Marcellinus (um 330–395 n.Chr.). Isidor von Sevilla (um 560–636 n.Chr.), dessen Werk großen Einfluss auf das Mittelalter hatte, betont die milchweiße Haut der Kelten. Er leitet den Namen »Gallien« von dem griechischen Wort »gala« (= Milch) ab und meint, die helle Hautfarbe besäßen die Gallier deshalb, weil in Gallien die Sonne nicht so stark scheinen und sie bräunen würde.

Wenn wir uns heute die Kelten mit wild hochstehenden, gekalkten Haaren – als hätten sie schon damals das Haargel erfunden –, mit Schnauzbart, bunten Hosen und Mänteln und bewaffnet mit Schwert, Schild und Lanze vorstellen, so stammt dieses Bild von dem antiken griechischen Historiker Diodor (1. Jahrhundert v.Chr.): »Die Gallier haben einen hohen Wuchs, einen kraftvollen Körper und weiße Haut. Ihre Haare sind nicht nur von Natur blond, sondern sie suchen diese eigentümliche Farbe durch künstliche Mittel noch zu

Einleitung

erhöhen. Sie salben nämlich das Haar beständig mit Kalkwasser und streichen es von der Stirne zurück gegen den Scheitel und den Nacken, sodass sie fast wie Satyrn und Pane aussehen. Denn durch diese Behandlung wird das Haar so dick, dass es völlig einer Rossmähne gleicht. Den Bart scheren einige ab, andere lassen ihn ein wenig wachsen. Die Vornehmen scheren den Backenbart, aber den Schnurrbart lassen sie stehen, sodass er den Mund bedeckt. Daher kommt er ihnen beim Essen zwischen die Speisen, und das Getränk fließt wie durch ein Sieb hinein. (...) Sehr auffallend ist die Kleidung der Gallier. Sie tragen bunte Röcke, mit allerlei Farben geblümt, und lange Hosen, welche sie Bracken heißen. Darüber schnallen sie gestreifte, mit zahlreichen Karos gemusterte Mäntel, im Winter dickere, im Sommer leichtere.« (V, 28–30)

Diodor geht außerdem auf die Menschenopfer, Druiden und Barden der Kelten ein und erwähnt wie andere antike Autoren ihre Trunksucht. So schreibt er, die Gallier »lieben den Wein außerordentlich; sie gießen den Wein, der von den Kaufleuten eingeführt wird, unvermischt hinunter und nehmen das Getränk, dem sie so ergeben sind, im Übermaß zu sich, bis sie berauscht in den Schlaf sinken oder in einen Zustand des Wahnsinns geraten. Viele italische Kaufleuten benutzen daher (...) die Trinksucht der Gallier zu ihrem Vorteil,

»Trunksucht« der Kelten? Wein war ab der Hallstattzeit eine wichtige und begehrte Importware aus den Mittelmeerländern. Später führten die Römer den Weinanbau in Gallien ein. Weinmischkessel aus einen Grab von Bad Dürkheim, 5. Jahrhundert v.Chr.

Sie führen ihnen Wein zu, sowohl zu Wasser auf den schiffbaren Flüssen als zu Lande auf Wagen, und gewinnen durch diesen Handel unglaubliche Summen. Denn für ein Fässchen Wein erhalten sie einen Sklaven« (V, 26).

Versoffen und kriegsbesessen: Keltenbilder von der Antike bis heute

Vor allem wird die »Kriegsbesessenheit« der Kelten in der antiken Literatur hervorgehoben. So charakterisiert sie der antike Geschichtsschreiber Strabon (63 v.Chr.–23. n.Chr.) in seinem mehrteiligen Werk »Erdbeschreibung«: »Der ganze Völkerstamm (…) ist kriegerisch und mutig und rasch zum Kampf; übrigens aber offen und nicht bösartig.« (IV, 4, 2) Und Pausanias (115–180 n.Chr.) schreibt in seiner »Beschreibung Griechenlands« über eine Schlacht zwischen Galatern und Griechen: »Sie griffen ihre Gegner (…) voller Ungestüm und mit sinnloser Wut wie Tiere an; und selbst von Beilen und Schwertern durchbohrt, verließ sie ihre sinnlose Raserei nicht, solange sie noch atmeten, und selbst von Speeren durchbohrt, behielten sie ihren Mut, bis sie ihre Seele aushauchten; manche zogen sogar die Speere, von denen sie getroffen waren, aus den Wunden und schleuderten sie gegen die Griechen.« (X, 21, 2–3)

Angesichts solcher Schilderungen ist zu bedenken, dass je mutiger und tapferer die Kelten im Kampf beschrieben wurden, umso größer die Stärke ihrer Gegner dargestellt werden sollte. Dies gilt insbesondere für Caesars Werk »Der Gallische Krieg«, in dem mit der Beschreibung der Tapferkeit der Gallier die herausragenden Leistungen des Autors im Krieg umso deutlicher betont wurden. »Der Gallische Krieg« ist bis heute die bekannteste Quelle über die Kelten. Caesars Schrift war die Rechtfertigung seiner Feldzüge in Gallien, die er führte, um Macht und Reichtum zu erlangen, und vor allem, um für den Senat in Rom seinen militärischen Erfolg zu dokumentieren. Dementsprechend erscheinen die Kelten als große Gefahr und Bedrohung für Rom, andererseits stellt Caesar sie als durchaus fähig zur Zivilisation und Assimilation dar, um Teil des Imperium Romanum zu werden. Caesar grenzt die Kelten stark von den »unzivilisierten« Germanen ab – nach dem Motto: Die Kelten als Untertanen zu gewinnen lohnt sich, eben weil sie im Unterschied zu den Germa-

Einleitung

»Kriegsbesessenheit« der Kelten? Rekonstruktion eines keltischen Streitwagengespanns, das »Biga« genannt wird, Keltenmuseum, Hallein, Salzburger Land.

nen zivilisationsfähig sind, und deshalb lohnt sich ein Krieg in Gallien! So verfügten die Germanen nach Caesar – im Gegensatz zu den Kelten – weder über eine ausgebildete Landwirtschaft, da sie von der Jagd lebten, noch hatten sie eine Religion mit ausgebildetem Opferkult oder ein Pantheon. Caesar dazu: »Die Lebensweise der Germanen ist wesentlich anders. Sie haben weder Druiden, welche die gottesdienstliche Einrichtungen beherrschen, noch hegen sie besondere Vorliebe für Opfer. Unter die Götter zählen sie nur die, die sie sichtbar wahrnehmen und deren Eingreifen sie augenscheinlich erfahren, nämlich die Sonne, das Feuer und den Mond. Die übrigen kennen sie nicht einmal vom Hörensagen. Ihr ganzes Leben besteht in Jagd und kriegerischem Treiben. (...) Ackerbau betreiben sie nicht sonderlich eifrig und der größere Teil ihrer Nahrung besteht aus Milch, Käse und Fleisch.« (VI, 21, 22) Caesar ist der Erste, der konkret zwischen den Stämmen der Kelten links des Rheins und den Stämmen der Germanen rechts des Rheins unterscheidet. Es ist allerdings eine Unterscheidung, die so nicht zutraf. So waren die Kelten erst ein paar Jahrzehnte zuvor aus rechtsrheinischen Gebieten von den Germanen verdrängt worden, außerdem kam es zu einer Vermischung der keltischen und der germanischen Bevölkerung.

Versoffen und kriegsbesessen: Keltenbilder von der Antike bis heute

Nicht nur bei Caesar, sondern auch bei anderen antiken Schriften, selbst wenn sie sich als Geschichtswerke ausgeben, muss immer berücksichtigt werden, dass es sich nicht um objektiv-wissenschaftliche Beschreibungen im heutigen Sinne handelt. Neben Klischees betonten die antiken Autoren gerne das Ungewöhnliche, Fremde und Exotische – so zum Beispiel die Trunksucht der Kelten. Andererseits orientierten sich die antiken Autoren an der bestehenden Literatur: So ist die Erwähnung des Gebrauchs von Messern bei den Kelten, mit denen sie das Fleisch abschneiden, von der Heldenbeschreibung bei Homer geprägt, der dies als Gewohnheit seiner Helden beschreibt. Wenn in antiken Quellen berichtet wird, dass die Kelten einen aufgeschwemmten Körper und eine raue Stimme besaßen, so steht dahinter die Theorie, dass das Klima den menschlichen Körper beeinflusst und danach Völker des Nordens und Südens zu unterscheiden sind.

Die antiken Autoren übten mit ihrer Beschreibung fremder Völker gerne zugleich Kritik an der eigenen Kultur und Gesellschaft. So verband schon Tacitus mit seiner Schilderung einer Rede des Keltenhäuptlings Calgacus eine Kritik am Eroberungsdrang der Römer: Er berichtet von dem Kampf im Jahre 84 n.Chr. im Norden Schottlands zwischen den keltischen Stämmen der Kaledonier (die von den Römern allerdings nicht als Kelten eingestuft wurden) und den Römern. Tacitus zitiert anlässlich dieses Ereignisses den Häuptling, der in seiner Rede betont, dass es in der bevorstehenden Schlacht um die Freiheit Britanniens ginge. Außerdem klagt er die Römer wegen ihrer Eroberungen als habgierig und ruhmsüchtig an. Doch diese Rede stammte nicht von Calgacus selbst, sondern von Tacitus, war also fiktiv. Tacitus hatte sie so niedergeschrieben, wie Calgacus sie seiner Meinung nach gehalten hat – das war in der römischen Geschichtsschreibung völlig legitim.

Während es für die Bronzezeit (frühe Hallstattkultur) keine Zeugnisse keltischer Art gibt, ist mit der

Die Festlandkelten

Eisenzeit, das heißt mit der späten Hallstattkultur (650–400 v.Chr.), keltische Geschichte durch archäologische Zeugnisse belegt. Der Hallstattzeit folgte die La-Tène-Zeit (400–50 v.Chr. bis zur römischen Eroberung Galliens) als spätere Phase der Eisenzeit, für die sowohl archäologische Funde als auch Berichte von antiken Autoren vorliegen. Im 5. Jahrhundert wurde die gallisch-keltische Sprache kaum noch gesprochen, daher kann man nicht mehr von einer keltischen Identität ausgehen. Die Geschichte Mitteleuropas wurde nun zunächst von Germanen und Franken bestimmt.

Hallstattkultur: Keltische Fürsten und ihre Gräber
Die Hallstattkultur ist heute eher unter dem Begriff »Bronze- und Eisenzeit« bekannt. Schon in der ersten Phase der Hallstattkultur (Hallstatt A) finden sich Gegenstände aus Eisen, von »Eisenzeit« wird aber erst mit Beginn der dritten Phase der Hallstattkultur (Hallstatt C) gesprochen, als Eisen wesentlich häufiger verwendet wurde und Gegenstände aus Eisen weitverbreitet waren. Die Phasen Hallstatt A (abgekürzt HaA, 1200–1000 v.Chr.) und Hallstatt B (HaB, 1000–750 v.Chr.) bezeichnet man als »Bronzezeit« oder auch als »Urnenfelderkultur«. Die Namen sind auf die hohe Bedeutung der Bronze beziehungsweise die Bestattungsform dieser Zeit zurückzuführen, für die Gräberfelder mit Urnen typisch sind, in denen die Asche verbrannter Leichname beigesetzt wurde. In der Phase Hallstatt C (HaC, 750–600 v.Chr.) begannen sich die Bestattungssitten zu ändern. In der vierten Phase Hallstatt D (HaD, 650–400 v.Chr.) war der Umbruch von der Urnen- zur Erdbestattung endgültig vollzogen. In dieser Zeit entstand die keltische Kultur.

Die Hallstattkultur ist benannt nach dem bekanntesten Fundort eines Gräberfeldes bei Hallstatt am Hallstätter See (Österreich), das vom 8. bis 4. Jahrhundert v.Chr. benutzt wurde. In geografischer Hinsicht wird zwischen einer Hallstattkultur im Westen, die von Ost-

Hallstattkultur: Keltische Fürsten und ihre Gräber

frankreich über die Schweiz bis Süddeutschland und Westösterreich reichte, und einer Hallstattkultur im Osten, die von Ostösterreich bis zum Balkan reichte, unterschieden. Nur die Westhallstattkultur wird den Kelten zugeordnet, jedoch nicht die Osthallstattkultur, da deren Grabfunde mehr Kriegsgerät als die der Westhallstattkultur aufweisen und vor allem die für den Westen typischen Goldhalsringe und die vierrädrigen Wagen fehlen.

Kennzeichnend für die Westhallstattkultur sind die sogenannten Fürstengräber. Wie die Bezeichnung schon sagt, handelt es sich hierbei um Gräber der gesellschaftlichen Oberschicht. Sie befinden sich in der Nähe von Fürstensitzen. So heißen mit Mauern befestigte ehemalige Wohnanlagen auf Anhöhen, zum Beispiel der Mont Lassois und der bei Camp-de-Châtillon (bei Salins-les-Bains) in Frankreich, der bei Châtillon-sur-Glâne und der Uetliberg in der Schweiz, der Münsterberg, die Festung Hohenasperg und die Heuneburg in Deutschland. Es lässt sich nichts Konkretes über diese Fürsten und die damalige Gesellschaft sagen. Handelte es sich um eine hierarchisch gegliederte Gesellschaft, in denen Dynastien und Feudalherren das Sagen hatten? Wurde der Status des Fürsten vererbt oder durch Verdienste erworben? Diese und viele andere Fragen werden nach wie vor diskutiert. Mit Sicherheit lässt sich aber die Ursache des Reichtums und der damit verbundenen Macht der Fürsten feststellen: der Handel mit Eisen und Salz. Man kannte und verwendete Eisen zwar vereinzelt schon in der Bronzezeit beziehungsweise in der Urnenfelderkultur, aber erst in der Hallstatt-

Das rekonstruierte Grab des Fürsten von Hochdorf lässt Reichtum, Glanz und Macht keltischer Fürsten heute noch erahnen. Es stammt aus der zweiten Hälfte des 6. Jahrhunderts v.Chr.

Die Festlandkelten

kultur D war es weitverbreitet. Werkzeuge, Waffen, Hausgerät und Schmuck wurden aus Eisen hergestellt. Im Unterschied zur Bronze, die gegossen wird, wird es geschmiedet. Die Gewinnung und Verarbeitung von Eisen wurde in der Hallstattzeit neben der Salzgewinnung zur wichtigsten Wirtschaftsgrundlage. Dementsprechend entstanden größere Siedlungen an Orten mit hohem Eisenerzvorkommen und wo verhüttet wurde. Mit Beginn des ersten Jahrtausends wurde die Salzgewinnung immer wichtiger, Hallstatt und der Dürrnberg (bei Hallein) waren die bedeutendsten Zentren des Salzabbaus in Europa. In einer Zeit ohne Kühl- und Gefrierschrank verwendete man Salz vor allem zur Konservierung von Fleisch.

Die Fürstengräber sind aufwendige Grabanlagen, die von außen als Grabhügel erscheinen und einen Durchmesser bis zu 50 Metern haben können, teilweise sogar 100 Meter. Innen bestehen sie aus einer großen Grabkammer, die mit mehreren Steinschichten überdeckt ist. Die Wände waren mit Holz vertäfelt. Selbst heute können sie als Prunkgräber im wahrsten Sinn des Wortes bezeichnet werden. Ein Fürst wurde für das Jenseits bestens ausgestattet: Nicht nur persönliche Gegenstände wie Kleidung, Schmuck und Waffen, sondern auch Speise- und Trinkgeschirr und sogar ein vierrädriger Wagen wurden mit ihm mitgegeben. Im Umkreis der großen Grabkammer gab es noch andere, nicht so prunkvolle Bestattungen, sogenannte Nachbestattungen. Wer hier seine letzte Ruhe fand, ist nicht bekannt. Vielleicht handelte es sich um die Ehefrau

Dieses 1,23 Meter lange Trinkhorn des Fürsten von Hochdorf gehörte zu seinen Grabbeigaben. Es wurde aus Eisen gefertigt und mit Goldbändern verziert.

Hallstattkultur: Keltische Fürsten und ihre Gräber

und das Gefolge des Fürsten, die ihm in den Tod folgen mussten. Es könnten auch Gräber der Sippe des Fürsten sein. Beispiele für Fürstengräber finden sich vor allem in Baden-Württemberg: Grafenbühl, Hirschlanden, Hohmichele, Magdalenensberg und Hochdorf (bei Ludwigsburg), wo sich das prachtvollste Grab von allen befindet. Ferner ist der Ort Vix im Norden Burgunds berühmt für seine Grabstätte.

1968 entdeckt und 1978/79 ausgegraben, gehört das aus dem 6. Jahrhundert v.Chr. stammende Grab des Keltenfürsten von Hochdorf zu den bedeutendsten Fürstengräbern, nicht zuletzt aufgrund der reichhaltigen Ausstattung sowie des vollständigen und guten Erhaltungszustandes. Der ursprünglich 6 Meter hohe Grabhügel mit einem Durchmesser von 60 Metern war zwar eingeebnet, aber sowohl das Skelett des Fürsten als auch Stoffe und andere Materialien waren sehr gut erhalten. Der im Alter von 40 bis 50 Jahren Verstorbene hatte für die damalige Zeit ein hohes Alter erreicht. Es ließ sich keine Verletzung nachweisen, nur Arthritis. Mit einer überdurchschnittlichen Körpergröße von 1,87 Meter war der Fürst zu seiner Zeit eine imposante Erscheinung gewesen. Sein Leichnam war für die Bestattung konserviert worden. Fünf Jahre lang hatte der Bau der Anlage gedauert. Nach der Bestattung des Fürsten wurde das Grab mit Steinen zu einem Grabhügel aufgeschüttet und auf seiner Spitze ein Steinpfeiler aufgestellt.

Betrachtet man die rekonstruierte Grabanlage heute, fühlt man sich für einen Moment in die damalige Zeit zurückversetzt und hat den Eindruck, direkt an der Bestattung teilzunehmen. Der Keltenfürst war auf einer 2,75 Meter langen, aus dem Mittelmeerraum importieren Kline (Liege) aus Bronze an der Westseite der Kammer aufgebahrt. Diese Kline war mit Dachs-, Marder- und Iltisfellen und einem mit Gräsern gefüllten Kissen ausgestattet, auf denen der Fürst ruhte. Er trug einen Hut aus Birkenrinde, der aufgrund seiner

Die Festlandkelten

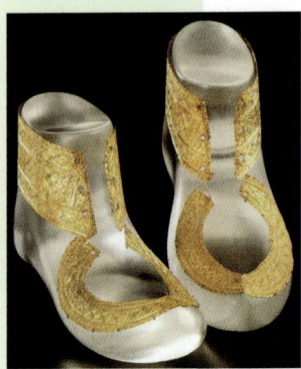

Die goldverzierten Schuhe des Fürsten von Hochdorf deuten auf seinen hohen Status hin.

konischen Form wie ein chinesischer Hut aussah. Extra für das Begräbnis war Goldschmuck hergestellt worden, mit dem die Kleidung versehen war. Bemerkenswert an der Kleidung ist der rote Umhang des Fürsten: Er stammt zwar aus keltischer Herstellung, aber der rote Purpurfarbstoff – gewonnen aus der Schildlaus – war ein Importerzeugnis. Ob der kostbare Mantel den Bestatteten als Herrscher auszeichnete oder eine andere, religiöse Bedeutung besaß, ist unklar.

Von dem Goldschmuck des Fürsten ist der Halsring, ein Torques (von lateinisch »torquere« = drehen), am markantesten, aber auch ein goldverzierter Dolch mit einem sogenannten Antennengriff fällt auf. Dieser wird nicht als Kriegswaffe gedient haben, sondern wird sicher ebenso wie der Hut und der Torques ein Statussymbol gewesen sein, das in der jenseitigen Welt nicht fehlen durfte. Nicht weniger auffallend sind die goldverzierten, in einer leichten Spitze endenden Schuhe. Der rechte und linke Schuh waren vertauscht worden. Aus Versehen oder absichtlich, weil die religiösen Sitten es so vorschrieben? Auch diese Frage ist bis heute unbeantwortet.

Der Fürst war mit allem Notwendigen für seine Reise nach dem Tod ausgestattet worden: angefangen von einem vierrädrigen Wagen mit Pferdezaumzeug, Speise- und Trinkgeschirr aus der Mittelmeerregion, einem Köcher mit Pfeilen oder Angelhaken bis hin zu Gebrauchsgegenständen des Alltags wie Rasiermesser und Kamm. Besonders erwähnenswert ist ein riesiger griechischer Bronzekessel, der Honigmet enthalten hatte. Seine obere Öffnung ist von drei Löwenfiguren umgeben, deren eine von einem keltischen Künstler nachgefertigt worden war. Am Kopfende der Kline befanden sich neun Trinkhörner, mit Gold verzierte Rinderhörner, deren symbolische Bedeutung nicht bekannt ist.

Hallstattkultur: Keltische Fürsten und ihre Gräber

Die Macht des Fürsten wird vor allem auf dem durch Handel mit dem Mittelmeerraum erworbenen Reichtum beruht haben. Die Anlage auf dem 10 Kilometer vom Grabhügel entfernten Hohenasperg wird sein Wohn- und Herrschaftssitz gewesen sein.

Die größten und wichtigsten Fürstensitze der späteren Hallstattzeit sind die von Mont Lassois und Heuneburg. Mont Lassois liegt auf einer Anhöhe über der Seine (bei Châtillon-sur-Seine). Das Plateau war mit einem Erdwall und zum Teil mit einer Steinmauer sowie einem Graben befestigt und diente sowohl dem Fürsten mit seinem Gefolge als auch der einfachen Bevölkerung als Wohnsitz. Bedeutung und Reichtum erreichte der Fürstensitz von Mont Lassois aufgrund seiner Lage an der Route des Zinnhandels. Zinn wurde zunächst von Britannien per Schiff auf der Seine und dann auf dem Land mit Lasttieren nach Massalia (Marseille) transportiert. Am Mont Lassois befindet sich auch eine Grabanlage: das Grab von Vix. Hier war jedoch kein Fürst, sondern eine Fürstin bestattet, die ungefähr 30 Jahre alt war, als sie starb. Ihr Skelett, von dem der Schädel am besten erhalten war, lag auf einem Prunkwagen, dessen Räder an der Ostwand aufgestellt waren. Wie der Fürst von Hochdorf war auch die Fürstin von Vix mit Goldschmuck ausgestattet. Erwähnenswert sind vor allem ein Golddiadem und ein Torques. Der Halsreif aus 480 Gramm Gold zeugt von höchster Qualität und ist ein im Mittelmeerraum angefertigtes Kunstwerk. Eine besondere Beigabe des Grabs ist ein 1,64 Meter hoher, 208 Kilogramm schwerer und 1200 Liter fassender Krater (Mischkrug) – das größte Gefäß dieser Art in der Antike. Zwei Gorgonen verzieren die Henkel und auf dem Deckel steht eine Frauenfigur.

Der Fürstensitz von Heuneburg lag ebenfalls an einem Knotenpunkt für Fernhandelsrouten: zum einen an der Route über die Donau nach Osten, dann via Schwarz-

Der im Grab des Fürsten von Hochdorf entdeckte Bronzekessel war ein Import aus dem Mittelmeergebiet – bis auf eine Löwenfigur, die nachträglich von einem einheimischen keltischen Künstler ergänzt worden war.

Teil des kunstvoll gefertigten Halsrings (Torques) der Fürstin von Vix – ein Meisterwerk keltischer oder griechischer Kunst? Diese Frage ist bis heute offen.

Die Festlandkelten

wald und Rhein Richtung Westen und zum anderen am Weg über die Alpen nach Italien. Diese für den Handel günstige Lage sowie der Abbau und die Verarbeitung von Eisenerz verhalfen den Fürsten von Heuneburg zu Reichtum und Macht. Auf einer Anhöhe über der Donau befand sich ihre Anlage mit einer 4 Meter hohen Mauer, die Türme und zwei Tore besaß. Die Mauer der ursprünglichen Anlage hatte aus Erde und Holz bestanden, sie wurde im 6. Jahrhundert durch eine Mauer aus Lehmziegeln nach griechischem Vorbild ersetzt. Ende des 6. Jahrhunderts wurde die Lehmziegelmauer durch einen Brand zerstört, es wurde dann erneut eine Mauer wie zuvor aus Erde und Holz errichtet. Heuneburg sorgt derzeit für Schlagzeilen, da dort Ende 2010 das Grab vermutlich einer Fürstin aus dem 6. Jahrhundert v. Chr. entdeckt wurde. Da es anscheinend nicht geplündert wurde und somit unversehrt ist, verspricht es eine archäologisch gute Ausbeute.

Die Hallstattkultur ist durch den intensiven Handel der Kelten mit den Völkern der Mittelmeerländer geprägt. Davon zeugen viele der Grabbeigaben in den Fürstengräbern, die aus dem Mittelmeerraum stammen, ebenso die starken etruskischen und griechischen Einflüsse in der Kunst der Hallstattkultur. Man kann schon fast von einer frühen Globalisierung sprechen. Die Kelten lieferten Gegenstände aus Eisen, Gold, Felle und Sklaven und erhielten dafür Luxusgüter aus dem Süden wie zum Beispiel Wein, Speise- und Trinkgeschirr. Handelspartner der Kelten der West

Der Fürstensitz von Heuneburg (Südostecke) in einer Modellansicht.

> **Hallstattzeit und La-Tène-Zeit**
> 1200–1000 v.Chr. Hallstatt A (HaA)
> 1000–750 v.Chr. Hallstatt B (HaB)
> 750–600 v.Chr. Hallstatt C (HaC)
> 650–400 v.Chr. Hallstatt D (HaD, späte Hallstattkultur)
> 400 v.Chr.–500 n.Chr. La-Tène-Zeit

hallstattkultur waren die Etrusker in Mittel- und Oberitalien, die Veneter an der oberen Adria und die griechischen Kolonien in Südfrankreich. Die Griechen aus der Stadt Phokäa in Kleinasien gründeten dort um 600 v.Chr. die Stadt Massalia (Marseille). Sie wurde zu einem der wichtigsten Handelsknotenpunkte zwischen dem Mittelmeerraum und dem keltischen Gebiet, dem späteren Gallien, bis hin nach Britannien. Von den Mittelmeerländern wurden die Waren per Schiff bis Massalia transportiert und von dort zu Lande durch Gallien oder per Schiff auf der Rhône, Saône, Loire und Seine weiterbefördert.

Die frühe La-Tène-Zeit: Die keltische Welt im Wandel
Die La-Tène-Zeit (400–50 v.Chr.) ist die jüngere Phase der vorrömischen Eisenzeit und umfasst ein halbes Jahrtausend: Sie reicht vom Ende der Hallstattzeit bis zur Eroberung Galliens durch Caesar. Benannt ist die Zeit nach dem Fundort La Tène am Nordufer des Neuenburger Sees (Schweiz). Hier wurde eine große Anzahl Opfergaben entdeckt, vor allem Waffen (Hunderte von Schwertern, Speerspitzen, etliche Schilde), aber auch Gürtelschnallen, Pinzetten oder Pferdejoche waren im See versenkt worden. Auffallend ist, dass die Funde ausschließlich Männern, nicht Frauen zuzuordnen sind. Bei der Entdeckung von La Tène 1857 wurde der Ort zunächst als helvetische Pfahlbausiedlung gedeutet, 20 Jahre später bei der Ausgrabung durch Emile Vouga galt er als Kontroll- und Grenzposten. Heute ist man sich darüber einig, dass es eine Kultstätte war.

Die Festlandkelten

Der Fundort La Tène, 4. und 3. Jahrhundert v.Chr. (Rekonstruktionszeichnung)

Der Beginn einer neuen Ära, der La-Tène-Zeit, war durch gesellschaftliche, wirtschaftliche und kulturelle Veränderungen gekennzeichnet. Es entstanden neue Machtzentren an den Randzonen der bisherigen Hallstattkultur, teilweise wohl mit Beteiligung der alten Zentren. In den Gebieten der Hallstattkultur wurden keine Fürstengräber mehr errichtet, es fand eine Verlagerung in die Randgebiete der früheren Hallstattkultur statt: Die neuen Fürstengräber erstreckten sich nun von der Champagne und der Marne (Frankreich) über den Saar-Nahe-Mosel-Raum und das Mittelrheingebiet bis nach Österreich und Böhmen. Trotz der Gemeinsamkeiten, wie zum Beispiel eine eigenständige keltische Kunst, gibt es lokale Varianten der Fürstengräber und entsprechend regionale Kulturen, so die Marnekultur, die Hunsrück-Eifel-Kultur oder die Púchov-, Arras- und Aylesford-Swarling-Kultur. Bedeutende Fundorte in Deutschland sind Bad Dürkheim, Rodenbach, Schwarzenbach, Waldalgesheim und Weiskirchen.

Über die Gründe und Ursachen der Veränderungen lässt sich nur spekulieren: Konkurrenzkämpfe innerhalb der gesellschaftlichen Oberschicht um die Macht, Aufstände der Bauern gegen die Herrschaft der Fürsten oder neue Fundorte von Eisenerzvorkommen und damit verbunden neue Handelsorte und -wege. Die Veränderungen vollzogen sich nicht immer gewaltlos: So wurden die Fürstensitze von Heuneburg oder Mont Lassois zerstört. Einige Fürstensitze wurden zu Flucht-

Die frühe La-Tène-Zeit: Die keltische Welt im Wandel

burgen umgebaut, es kam auch zur Plünderung von Gräbern. Die neuen Herren waren kriegerischer als ihre Vorgänger in der Hallstattzeit, allem Anschein nach hat es sich um eine militärische Elite gehandelt, denn im Unterschied zu den Gräbern der Hallstattkultur sind viele Grabbeigaben Waffen. Vor allem wurden nicht mehr vierrädrige Wagen, sondern zweirädrige Streitwagen beigegeben. Ab dem 4. Jahrhundert v.Chr. war die Zeit der Fürstengräber mit ihren Grabhügeln endgültig vorbei, nun wurden Flachgräber und große Friedhöfe für Angehörige aller Gesellschaftsschichten angelegt.

Während in der Hallstattzeit vor allem die Handelsbeziehungen mit den Griechen der Kolonie Massalia (Marseille) von entscheidender Bedeutung waren, rückte in der La-Tène-Zeit der Handel mit den Etruskern in Mittel- und Oberitalien in den Vordergrund. Jetzt begannen die Keltenwanderungen nach Süden in den Mittelmeerraum, nach Osteuropa bis Kleinasien sowie in den Westen, dem späteren Gallien. Die letzte Phase der La-Tène-Kultur ist die sogenannte Oppidakultur, in der die Kelten feste, stadtähnliche Siedlungen in Mitteleuropa bauten.

Die soziokulturellen Veränderungen werden sich vermutlich auch auf die Religion und die Weltanschauung ausgewirkt haben. Ebenso sind deutliche Zeichen der neuen Zeit in der Kunst erkennbar. Während die Kunst der Hallstattzeit sich stark an dem etruskischen und griechischen Stil orientierte, entwickelte sich in der La-Tène-Zeit erstmals eine eigenständige keltische Kunst, die noch heute unseren ästhetischen Geschmack anspricht. Diese neue Kunst zeigte zwar noch etruskische und griechische, auch skythische und thrakische Einflüsse, diese wurden aber eigenständig weiterentwickelt. Die geometrischen Muster der Hallstattzeit waren out, vorherrschend waren jetzt dynamische Muster mit Menschen-, Tier- oder Pflanzenmotiven.

Der Fürst von Glauberg bei Frankfurt am Main ist ein

Die Festlandkelten

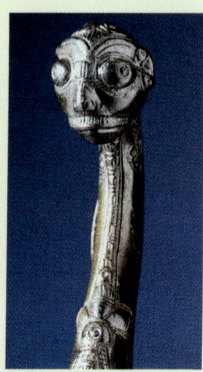

Fratzen, Menschen- und Tiergesichter zeichnen die Latènekunst aus, wie hier das Gesicht von einer Fibel aus Parsberg in Bayern, 5. Jahrhundert v.Chr.

Beispiel für den neuen Herrschertyp der La-Tène-Zeit. Sowohl sein Fürstensitz als auch sein Grab aus dem 5. Jahrhundert v.Chr. sind durch Wälle und Gräben gesichert. Die Sandsteinstatue vom Glauberg (Hessisches Landesmuseum Darmstadt) stellt vermutlich einen Fürsten oder Adligen dar: Sie trägt einen Halsring mit Balustern (lanzenförmigen Anhängern), die dem Goldring des im Grabhügel Bestatteten gleichen. Panzerhemd, Schild und Schwert charakterisieren ihn auch als Krieger. Auffallend sind zwei Gebilde am Kopf, die wohl an einer Art Mütze befestigt sind und als »Blattkronen« bezeichnet werden. Das Gesicht ist durch einen Schnurr- und Kinnbart gekennzeichnet. Der Herrschaftseinfluss des Fürsten von Glauberg reichte um 450 v.Chr. vom Neckar bis zur Werra und vom Rhein bis zum Thüringer Wald. Er starb im Alter von ungefähr 30 Jahren und wurde mit Waffen und Schmuck beigesetzt. Bei den Grabfunden fällt eine Schnabelkanne auf, die mit Met gefüllt war und die von keltischen Künstlern nach etruskischem Vorbild angefertigt worden war. In einer weiteren Kammer sowie im Umfeld des Grabhügels waren andere Tote beigesetzt worden, denn es wurden außerdem die Überreste eines verbrannten Adligen, eines Kriegers, einer alten Frau und eines Kindes gefunden. Vielleicht hat es sich um Familienangehörige und Gefolgsleute gehandelt. Eine 300 Meter lange Prozessionsstraße führt zum Grabhügel. Es hat den Anschein, dass die gesamte Grabhügelanlage eine heilige Stätte mit überregionaler Bedeutung gewesen war.

Diese Statue aus Sandstein stellt wahrscheinlich den Fürsten vom Glauberg dar. Zumindest handelt es sich um einen Adligen (worauf der Torques am Hals hinweist) oder einen Krieger (als solchen zeichnen ihn Panzer, Schild und Schwert aus).

Das Grab von Waldalgesheim bei Bingen gab

einem Kunststil seinen Namen, nämlich dem Stil von Waldalgesheim, der sich vor allem durch Pflanzenornamente mit Wellenranken und Spiralen auszeichnet. Es ist das Grab einer Fürstin. Der Torques und vor allem die beiden Goldarmreife, die hier gefunden wurden, sind Meisterwerke keltischer Kunst. Auch ein zweirädriger Wagen mit Pferdegeschirr und eine Röhrenkanne aus Bronze gehören zu den Grabbeigaben.

Über die Alpen bis Kleinasien: Die Zeit der keltischen Wanderungen

Bereits Ende des 5. Jahrhunderts v.Chr. waren die Gebiete Böhmen, Schlesien, Siebenbürgen und Österreich von Kelten besiedelt. Um 400 v.Chr. geriet die keltische Welt und infolgedessen auch die römische Welt in Bewegung: Keltische Stämme begannen, mit Sack und Pack, mit Frauen und Kindern, aus ihrer bisherigen Heimat in Süddeutschland und Frankreich über die Alpen in die Mittelmeerregion zu wandern. Die antiken Schriftsteller berichten von der Einwanderung keltischer Stämme in Italien Ende des 5. und Anfang des 4. Jahrhunderts v.Chr.

Letztlich wissen wir über die konkreten Anfänge keltischer Siedlungen in Oberitalien wenig, ebenso wenig wie im Fall der Kelten auf der Iberischen Halbinsel. Im Gebiet der oberitalienischen Seen scheint die sogenannte Golaseccakultur ab dem 8. Jahrhundert v.Chr. eine wichtige Vermittlungsfunktion vor allem hinsichtlich der Handelsbeziehungen zwischen den Kelten in Italien und den Kelten nördlich der Alpen übernommen zu haben. Bereits aus dem 6. und 5. Jahrhundert v.Chr. stammen Inschriften in der keltischen Sprache Lepontisch, die in der Nähe von Como entdeckt wurden. Ob diese leptonischen Inschriften nur ein Hinweis auf keltischen Einfluss sind oder aber eine keltische Einwanderung belegen, ist unklar.

Warum die Kelten ihre Heimat in Richtung Süden verließen, ist nicht eindeutig geklärt: Es könnte an

Die Festlandkelten

Auf in den Süden: die Kelten auf einer ihrer Wanderungen ab 400 v. Chr. mit Kind und Kegel, Hab und Gut (Zeichnung von Flemming Bau).

einer Überbevölkerung, dem dadurch bedingten Nahrungsmangel und folgenden sozialen Unruhen gelegen haben. Die Aussicht auf mehr Land in der Mittelmeerregion und daher einen reich gedeckten Tisch könnte eine Verlockung für sie gewesen sein. Zudem war ein wärmeres Klima sicher angenehm. Vielleicht waren auch wirtschaftliche Gründe ausschlaggebend, denn der Süden hatte begehrenswerte Waren für den Handel zu bieten.

Es handelte sich jedoch nicht um eine einheitliche große Wanderbewegung, sondern um Wanderungen unterschiedlicher Stämme zu verschiedenen Zeiten. In einem Zeitraum von 200 Jahren zogen keltische Stämme nicht nur nach Italien, sondern auch in Richtung Balkan und Griechenland. Über den Bosporus gelangten sie bis nach Kleinasien, wo sie sich vor allem in Anatolien niederließen. Im 3. Jahrhundert v.Chr. erreichte die keltische Kultur schließlich ihre größte Ausbreitung. Sie reichte von der Iberischen Halbinsel und Mitteleuropa über die Mittelmeerländer bis nach Kleinasien. Rechnet man noch Irland und die Britischen Inseln hinzu, war sie die am weitesten verbreitete Kultur Europas.

Über die Keltenwanderung erzählen die antiken Schriftsteller Diodor und Plutarch folgende Geschichte: Ein Etrusker aus Clusium namens Arruns hatte einen Pflegesohn. Dieser betrog ihn mit seiner jungen Ehefrau. Arruns konnte nichts dagegen unternehmen, denn der Pflegesohn stammte aus einer einflussreichen Familie. Aber er hatte die Idee, die Kelten für seinen Rachefeldzug einzuspannen. Er reiste über die Alpen zu ihnen und bot ihnen Früchte seines Heimatlandes an: Wein, Oliven und Feigen. Arruns Plan ging auf, die Kelten folgten seinem Aufruf gleich mit einem

Über die Alpen bis Kleinasien: Die Zeit der keltischen Wanderungen

Heer, um an die Früchte des Südens zu gelangen.

Livius erzählt eine andere Geschichte, nämlich wie unter dem keltischen König Ambicatus die Bevölkerung so groß geworden war, »dass die ungeheure Zahl kaum mehr regierbar schien«. Er schickt daraufhin einen seiner Neffen, Segovesus, in den Hercynischen Wald (Gebiet von den deutschen Mittelgebirgen bis zu den Karpaten) und den anderen, Bellovesus, nach Italien.

Pompeius Trogus gibt als Grund für die Keltenwanderungen »innere Unruhen und ständige Bürgerkriege« an. Es ist anzunehmen, dass nicht nur eine Ursache, sondern mehrere Ursachen für die Wanderungen verantwortlich waren. Nach Polybios erfolgten sie »kurze Zeit« vor der Schlacht an der Allia und vor der Eroberung Roms durch die Kelten. Als beteiligte keltische Stämme nennt er neben kleineren ligurischen Stämmen namentlich die Cenomanen, Boier, Lingonen und Senonen (zusammen mit den Venetern, die keine Kelten waren). Zieht man neben Polybios noch Diodor und Plinius den Älteren hinzu, kann man den Beginn der keltische Einwanderung ab 400 v.Chr. datieren.

Die Einwanderung der Kelten auf fremdes Terrain brachten kriegerische Auseinandersetzungen mit dort bereits ansässigen Einheimischen mit sich. Daher kehrte sich das bis dahin durchaus positive Bild der Kelten, das andere von ihnen hatten, ins Negative. Der griechische Geschichtsschreiber Ephoros von Kyme (zitiert bei Strabon) hatte sie noch als »Griechenfreunde« bezeichnet. Aber die erstmals bei Timaios von Tauromenion im 4. bis 3. Jahrhundert v.Chr. auftauchende Idee, dass die Galater von dem in Homers »Odyssee« erwähnten einäugigen, riesigen, aber einfältigen Zyklopen Polyphem und der Nymphe Galateia abstammten, weist darauf hin, dass man die Kelten jetzt zwar als stark, aber dumm ansah. Dieses Vorurteil findet sich später auch im »Brief an die Galater« des Apostel Paulus (in der Anrede »O ihr dummen Galater!«) und hält sich sogar bis in die Gegenwart. So erscheinen die

Die Festlandkelten

Gallier zum Beispiel in der Comicserie »Asterix« trotz der positiven Gesamtdarstellung als naiv.

Die Kelten drangen bis nach Italien vor und drängten die Etrusker zurück. Vor allem die Poebene und die Nordküste der Adria waren bald in keltischer Hand. So siedelten die Senonen bei Rimini, die Insubrer in der Gegend von Mailand, die Boier im Gebiet von Bologna und die Cenomanen in dem von Brescia und Verona. Um 390 v.Chr. drangen die Kelten weiter in Richtung Rom vor. So erschienen sie vor der etruskischen Stadt Clusium (Chiusi), wo sie Siedlungsland forderten. Die Etrusker baten Rom – zu dieser Zeit noch nicht die mächtige Hauptstadt des späteren großen Römischen Reichs – um Vermittlung in diesem Konflikt. Rom schickte zwar eine Gesandtschaft, die allerdings für Clusium Partei ergriff und sogar einen der gallischen Führer tötete. Für die Gallier war dies eine klare Verletzung der Neutralität, zu der die römische Delegation eigentlich verpflichtet gewesen wäre. Die Gallier zogen daraufhin in Richtung Rom, und an der Allia, einem Nebenfluss des Tibers rund 20 Kilometer vor Rom, kam es am 18. Juli 387 v.Chr. zur Schlacht an der Allia. Dieser Tag ist in die Geschichte eingegangen als »dies ater« (= schwarzer Tag) für die Römer, der später zum römischen Staatstrauertag wurde: Die Römer ergriffen die Flucht und vergaßen in ihrer Panik sogar, die Stadttore Roms zu schließen. Die Kelten kamen erst drei Tage später und besetzten die Stadt. Auch das Kapitol wurde besetzt. Nach einer anderen Version des Geschehens warnte das Schnattern der heiligen Gänse der Göttin Juno die Römer, sodass das Kapitol von der Eroberung durch die Kelten verschont blieb. Sieben Monate dauerte die keltische Besetzung Roms, dann kauften sich die Römer mit einem Lösegeld von 1000 Pfund in Gold los. Dabei beklagten sie sich beim Abwiegen des Goldes über die Verwendung falscher Gewichte, denn es wurde mit keltischen Maßen gewogen, die anders waren als die römischen. Daraufhin warf

Über die Alpen bis Kleinasien: Die Zeit der keltischen Wanderungen

Brennos, der Anführer der Kelten, drohend sein Schwert in die Waagschale mit den Worten »Vae victis!« (= Wehe den Besiegten!). Der »terror gallicus« (= Gallierfurcht) saß tief bei den Römern, sodass sogar noch ein paar Jahrhunderte später Caesar diese Furcht vor den Kelten nutzte, um seine Ziele durchzusetzen.

Doch dann endete die keltischen Expansion mit der Schlacht von Sentinum 295 v.Chr., in der die keltischen Senonen und die auf ihre Seite kämpfenden Umbrer, Samniten und Etrusker ihre erste Niederlage im Kampf gegen die Römer erlebten. 285 v.Chr. folgte zwar noch einmal ein Sieg der Senonen, aber in den Schlachten der Jahre 283 und 268 v.Chr. wurden sie wiederum von den Römern besiegt. Diese gründeten anschließend die beiden Kolonien Sena Gallica (Senigallia) und Ariminum (Rimini). In der Schlacht am Vadimonischen See (bei Bomarzo) besiegten die Römer 283 v.Chr. sowohl die Boier als auch die Etrusker und schlossen Frieden mit ihnen. Doch die Spannungen und Kämpfe zwischen Römern und Kelten waren damit noch nicht beendet. 232 v.Chr. eroberten die Römer das Land der Senonen. 225 v.Chr. besiegte die Allianz der Römer, Veneter, Samniten, Etrusker und Cenomaner in der Schlacht von Telamon die Boier und Insubrer. Die Boier gaben sich schon 224 v.Chr. geschlagen. Die Insubrer wurden 222 v.Chr. von den Römern endgültig besiegt. Die Römer eroberten die Hauptstadt der Insubrer, Mediolanum (Mailand), und gründeten 218 v.Chr. die Kolonien Placentia (Piacenza) und Cremona auf dem Gebiet der Insubrer.

Es folgte der Zweite Punische Krieg zwischen Rom und Karthago, in dem unter Führung Hannibals auch die Boier, Insubrer und Keltiberer auf der Seite Karthagos kämpften und so zum letzten Mal zu einer Gefahr für Rom wurden. Nach dem römi-

»Wehe den Besiegten!«, rief der Keltenführer Brennus, als sich die Römer nach dem Einzug der Kelten in Rom 387 v.Chr. über die Höhe des Lösegeldes beschwerten. Daraufhin warf Brennus noch sein Schwert in die Wagschale. Französischer Stich, 19. Jahrhundert.

Die Festlandkelten

schen Sieg über Karthago 202 v.Chr. wurden die Kelten in Oberitalien nach und nach endgültig unterworfen: Die Insubrer und die Cenomanen schlossen 196 v.Chr. mit Rom einen Friedensvertrag, die Boier wurden in Kämpfen 193 und 191 v.Chr. endgültig geschlagen, woraufhin die Überlebenden in das Gebiet des heutigen Böhmen zogen, das nach ihnen benannt ist. 89 v.Chr. erhielten die Kelten in Oberitalien das römische Bürgerrecht. 73 v.Chr. musste sich Rom ein letztes Mal gegen die Kelten im eigenen Land wehren: Am Spartacusaufstand nahmen auch keltische Sklaven teil, die sich dann aber von den Aufständischen trennten und erst ein Jahr später am Monte Gargano besiegt wurden. 41 v.Chr. war Gallia Cisalpina (= Gallien diesseits der Alpen) schließlich römische Provinz.

Der andere Zug der Kelten – welcher der Sage nach unter Führung von Segovesus, des zweiten Neffen von König Ambigatus, auf der Suche nach neuem Land stattfand – wandte sich nach Osten. Archäologisch

Oberitalien, Griechenland und Kleinasien

um 400 v.Chr.	Beginn der Keltenwanderungen Richtung Süd- und Osteuropa
280 v.Chr.	Drei größere Heerzüge der Kelten nach Illyrien, Thrakien und Makedonien
279 v.Chr.	Plünderung des Tempels von Delphi durch die Kelten
278 v.Chr.	Nikomedes I., König von Bithynien, fordert Kelten als Hilfstruppen im Machtkampf mit seinem Bruder Zipoites an; anschließend keltische Eroberungszüge und Ansiedlung der Kelten in Kleinasien – als Galater
18.7.387 v.Chr.	Schlacht an der Allia, die Römer fliehen und die Kelten besetzen Rom
295 v.Chr.	Schlacht von Sentinum, Ende der keltischen Expansion
3./2. Jahrhundert v.Chr.	Eroberung von Gallia Cisalpina (Oberitalien) durch die Römer
222 v.Chr.	Römer besiegen den keltischen Stamm der Insubrer
218–201 v.Chr.	Zweiter Punischer Krieg, in dem die Kelten aufseiten Hannibals kämpfen und von den Römern besiegt werden
193/191 v.Chr.	Römer besiegen die Boier
89 v.Chr.	Kelten in Gallia Cisalpina (Oberitalien) erhalten das römische Bürgerrecht
63 v.Chr.	Politische Neuordnung in Kleinasien durch Pompeius: Jeder Stamm der Galater erhält nur noch einen Tetrarchen als Herrscher
44 v.Chr.	Deiotaros ist König über alle drei Stämme der Galater in Kleinasien

Über die Alpen bis Kleinasien: Die Zeit der keltischen Wanderungen

Beim Zweiten Punischen Krieg (218–201 v.Chr.) kämpften auch keltische Söldner im Heer Hannibals, der hier als osmanischer Feldherr auf einem Elefanten dargestellt ist (Palazzo dei Conservartori, Rom).

nachweisbar ist, dass die La-Tène-Kultur im 3. Jahrhundert v.Chr. im Donauraum verbreitet war (Österreich, Slowakei, Böhmen, Mähren bis nach Westrumänien) und im 4. Jahrhundert v.Chr. auch in Kroatien und Slowenien. Aus dieser Gegend stammte die keltische Gesandtschaft, die Alexander der Große 325 v.Chr. während seines Balkanfeldzugs empfing mit dem Ziel eines guten Einvernehmens mit ihnen. Strabon beschreibt in seiner »Erdbeschreibung« die Szene wie folgt: Alexander »nahm sie freundlich auf und fragte sie beim Trinkgelage, was das sei, welches sie am meisten fürchteten, erwartend, sie würden sagen, ihn; sie aber erwiderten: Nichts, es sei denn, dass der Himmel auf sie falle; jedoch die Freundschaft eines solchen Mannes würden sie über alles schätzen« (VII, 3, 8). Die Kelten seien Angeber, meinte daraufhin Alexander.

Schon um 300 v.Chr. hatte es keltische Vorstöße nach Illyrien und Thrakien gegeben. Um 280 v.Chr. folgen drei größere Heerzüge der Kelten nach Illyrien, Thrakien und Makedonien. Einer der Heerführer, ebenfalls wie bei der Einnahme Roms, mit Namen Brennos, zog 279 v.Chr. bis Delphi, um dort den Schatz der damals weltberühmten Orakelstätte zu rauben. Aber – so Pausanias – die Götter selbst verhinderten diesen Raub, indem sie Unwetter und Erdbeben schickten. Brennos, im Kampf verwundet, beging Selbstmord, indem er sich erstach. Die Kelten wurden endgültig aus Griechenland und Makedonien vertrieben und zogen sich in den Norden des Balkans zurück, wurden aber immer wieder von den hellenistischen Königen als Söldner angeworben. Auf dem Balkan gründeten die Kelten zum einen in Thrakien das Reich der Tylener mit der Hauptstadt Tylis, während der Stamm der Skordisker die Stadt Singidunum (Belgrad) gründete und sich in ihrem Gebiet ansiedelte.

Die Galater: Ankara als keltische Hauptstadt
Als »Galater« werden die Kelten bezeichnet, die sich nach ihrer Wanderung aus Mitteleuropa in Kleinasien ansiedelten. Im Zuge der Kämpfe nach dem Tod Alexanders des Großen gelangten sie über den Balkan nach Griechenland (wo sie wie erwähnt 279 v. Chr. Delphi plünderten) und in das Gebiet der heutigen Türkei. Nikomedes I., König von Bithynien, forderte sie 278 v. Chr. als Hilfstruppen für den Machtkampf mit seinem Bruder Zipoites an. Nachdem dieser besiegt und hingerichtet worden war, blieben die keltischen Söldner, unternahmen zunächst einige Eroberungszüge und siedelten sich dann an. Die antiken Autoren berichten von drei Stämmen der Galater in Kleinasien: den Tolistoagier (auch Tolistobogier), den Trokmer und den Tektosagen. Die Tolistoagier siedelten im Westen (Gordion und Pessinus), die Tektosagen im Zentrum, dem Gebiet um Ankyra (Ankara), und die Trokmer im Osten (Tavium).

Typische Herrschaftsform für die Galater war eine Tetrarchie (= Viererherrschaft): Jeder der drei Stämme der Galater teilte sich jeweils in vier Gruppen auf und jede dieser Gruppen wurde von einem Tetrarchen regiert. Später, unter der Herrschaft der Römer, hatte nur noch ein Tetrarch über jeden Stamm die Herrschaft inne. Jede der vier Gruppen eines Stammes besaß zunächst auch einen eigenen Richter und einen Heerführer. Die drei Stämme hatten einen gemeinsamen Rat mit 300 Mitgliedern, der sich regelmäßig an dem

Die Galater: Ankara als keltische Hauptstadt

Ort Drunemeton (= heiliger Eichenhain) versammelte, wo sich ein heiliger Wald befand. Ab 44 v.Chr. wurde Deiotaros König über alle drei Stämme der Galater.

Nach Beendigung ihres Söldnerdienstes unternahmen die Kelten eigenmächtig Eroberungszüge. In der Elefantenschlacht 275 v.Chr. besiegte Antiochos I. von Syrien die Kelten nicht zuletzt deswegen, weil er Kriegselefanten im Kampf einsetzte. Die Galater spielten aber weiterhin als Hilfstruppen eine wichtige Rolle und verhalfen so einer Reihe von Herrschern zu Siegen: Ziaëlas eroberte 250 v.Chr. einen Großteil des Königreichs Bithynien, König Antiochos Hierax besiegte bei Ankyra seinen Bruder Seleukos II., Ptolemaios IV. von Ägypten schlug um 217 v.Chr. König Antiochos III. von Syrien – alle Siege erfolgten mithilfe keltischer Söldner! Üblich war die sogenannte Keltensteuer, eine Tributzahlung an die Kelten, um deren Plünderungen im Lande zu unterbinden. Attalos I. von Pergamon verweigerte 235 v.Chr. diese Steuer und besiegte die Kelten in einer Schlacht. Als die Römer 190 v.Chr. Antiochus III. besiegten, unternahmen sie 189 v.Chr. ebenfalls eine Strafexpedition gegen die Galater. Viele von ihnen starben dabei oder wurden als Sklaven verkauft. Schließlich besiegte Eumenes II. die beiden Herrscher Prusias von Bithynien und Pharnakes I. von Pontos und die mit ihnen verbündeten Galater. Sowohl Attalos I. als auch Eumenes II. verherrlichten ihre Siege und ließen die besiegten Kelten in großen Bronzeskulpturen darstellen. Erhalten sind diese nur als römische Nachbildung: so die Marmorskulptur »Sterbender Gallier« (Museo Capitolino, Rom), eines verwundet am Boden liegenden, sterbenden keltischen Kriegers, oder die Skulptur eines Galaters mit seiner Frau (Thermenmuseum, Rom), der – angesichts des siegreichen Feindes – diese gerade getötet hat und im Begriff ist, sich selbst zu töten. Selbst wenn die Darstellungen realistisch erscheinen, so haben sie doch einen propagandistischen Hintergrund ohne eigentliches Interesse an den Kelten selbst. Das

Die Festlandkelten

Der »Sterbende Gallier« ist eine der bekanntesten Darstellungen eines Kelten in der Antike. Es handelt sich um die römische Kopie einer Bronzeskulptur aus dem Athenaheiligtum in Pergamon, um 230 v.Chr.

Kriegerische und Wilde der Kelten wurde besonders betont, um den Sieg über sie umso größer und bedeutender erscheinen zu lassen.

Von 87 bis 63 v.Chr. kämpften die Galater aufseiten der Römer gegen Mithradates VI. von Pontos, erkannten dann seine Herrschaft an und übergaben ihm Angehörige der Tetrarchen als Geisel, die später von Mithradates getötet wurden. 63 v.Chr. kam es unter Pompeius zur politischen Neuordnung, indem jeder Stamm der Galater nur noch einen Tetrarchen als Herrscher erhielt. Schließlich war Deiotaros von 44 bis 40 v.Chr. Herrscher über alle Galater, ebenso seine Nachfolger – bis im Jahr 25 v.Chr. unter Kaiser Augustus das Gebiet der Galater zur römischen Provinz Galatien mit der Hauptstadt Ancyra (Ankara) wurde. Bekannt ist die Erwähnung der Galater im »Brief an die Galater« des Apostel Paulus aus der Zeit zwischen 53 und 55 v.Chr., einer christliche Gemeinde in der Provinz Galatien. Sehr wahrscheinlich wurde bis ins 3./4. Jahrhundert n.Chr. hinein Galatisch, die Sprache der Galater in Kleinasien, gesprochen. So bemerkte der Kirchenvater Hieronymus, der sich sowohl in Galatien wie in Trier aufgehalten hatte, in seinem Kommentar zum »Brief an die Galater«, dass diese fast dieselbe Sprache sprechen wie die Gallier in Trier. Demnach war das Galatische dem Gallischen sehr ähnlich. Allerdings sind nur vereinzelt Namen und Wörter des Galatischen in Texten antiker Schriftsteller überliefert.

Die Galater hinterließen so gut wie keine archäologischen Spuren, außer einigen Arm- und Fußringen, Fibeln und ein paar Keramiken. Dies kann zum einen daran liegen, dass bis heute kaum archäologische

Funde vorliegen, oder zum anderen daran, dass sich die Galater in ihrer neuen Umgebung in Kleinasien vollständig integriert hatten – obwohl anscheinend noch immer Kontakt zu ihrer ursprünglichen Heimat in Osteuropa bestand.

Die Keltiberer: Als Spanien noch nicht spanisch war
Als »Keltiberer« wird die keltische Bevölkerung der Iberischen Halbinsel bezeichnet. Während die Galater sich weit im Osten Europas angesiedelt hatten, lag das Gebiet der Keltiberer im Westen auf der Iberischen Halbinsel, genauer gesagt: im Nordosten des spanischen Hochlandes. Über die Anfänge der Geschichte der Keltiberer haben wir keine sicheren Informationen. Die Sprache der Keltiberer (lateinisch »celtiberi«), das Keltiberische, war eine altertümliche Form des Keltischen. Es entwickelte sich vor den anderen keltischen Sprachen als eigenständige Form, ist nur aufgrund von Inschriften und Lehnwörter im Spanischen, Portugiesischen und Baskischen bekannt. Bereits im 2. Jahrhundert n.Chr. wurde das Keltiberische nicht mehr gesprochen.

Den ersten konkreten Hinweis auf die Keltiberer gibt Herodot im 6. Jahrhundert v.Chr.: »Die Kelten aber wohnen jenseits der Säulen des Herakles und sind Nachbarn der Kynesier, die im äußersten Westen Europas wohnen.« (»Das Geschichtswerk«, 2, 33) Ausführlicher gehen die Historiker Ephoros von Kyme im 4. Jahrhundert v.Chr. und Polybios im 2. Jahrhundert v.Chr. auf das Siedlungsgebiet und die Geschichte der Keltiberer ein. Der griechische Philosoph Poseidonios unternahm offenbar selbst ausgedehnte Rei-

Keliberische Siedlung Citania de Briteiros bei Braga in Portugal.

sen, die ihn bis auf die Iberische Halbinsel führten. Auf seinen Informationen über die Keltiberer beruhen die Berichte von Diodor von Sizilien und Strabon. Im ersten Jahrtausend wanderten die Kelten über die Pyrenäen ins nordöstliche Hochland Spaniens ein. Diodor dazu: »Dieses Volk (die Keltiberer) hat seinen Namen daher, dass es aus einer Vermischung der Iberer und der Kelten entstanden ist, welche sich früher um den Besitz des Landes stritten, nachher aber sich aussöhnten, beisammen wohnten und durch gegenseitige Heiraten sich verbanden. Als Nachkommen von zwei kräftigen Volksstämmen, die überdies ein fruchtbares Land innehatten, gelangten die Keltiberer zu großem Ansehen.« (5, 33)

Die Keltiberer scheinen sehr kriegerisch gewesen zu sein und passten sich immer mehr an die Kultur ihrer neuen Heimat an, obwohl nach wie vor wechselseitige Verbindungen, vor allem Handelsbeziehungen, zu ihrem Herkunftsland jenseits der Pyrenäen bestanden: Davon zeugen Funde an Orten wie dem Fürstengrab Magdalenensberg in Villingen (z. B. eine Gürtelschnalle), in Hochdorf und Kappel (z. B. Armreifen) oder an der Côte d'Or (z. B. Ohrringe) oder Schwerter der Keltiberer im Latènestil. Wie in Gallien waren auch die Keltiberer in viele Stämme aufgeteilt, so beispielsweise die Beller, Arevaker (ihre Hauptstadt war Numantia), Pelendonen, Lusitanier, Asturer, Kantabrer oder Beronen (nach denen die Stadt Briones benannt ist).

Gesicherte Informationen über die Keltiberer besitzen wir erst von der Zeit an, als die Römer auf die

Iberische Halbinsel

181–133 v. Chr.	Kämpfe zwischen Römern und Keltiberern auf der Iberischen Halbinsel
153–133 v. Chr.	Stadt Numantia ist Zentrum des keltiberischen Widerstandes, das von den Römern schließlich belagert und erobert wird
29–19 v. Chr.	Kaiser Augustus beendet den Aufstand der Kantabrer und Asturer, die Iberische Halbinsel befindet sich vollständig unter römischer Herrschaft

Iberische Halbinsel kamen. Sie gelangten im Zuge der Kriege mit Karthago nach Iberien und errichteten nach dem Sieg über Karthago 197 v.Chr. zwei Provinzen an der Süd- und Ostküste Spaniens. Dann drangen sie ins Landesinnere vor und stießen dort auf den Widerstand der Keltiberer. Es kam zu erbitterten Kämpfen in der Zeit zwischen 181 und 133 v.Chr., bei denen zunächst die Keltiberer die römischen Angriffe erfolgreich abwehren konnten. Vor allem die Lusitanier unter ihrem Herrscher Viriatus machten den Römern zu schaffen. Erst nachdem Viriatus auf Veranlassung von Rom von seinen eigenen Landsleuten ermordet wurde, gewannen die Römer die Oberhand. Danach war die Stadt Numantia von 153 bis 133 v.Chr. das Zentrum des keltiberischen Widerstandes gegen die Römer. Sie wurde erst nach einer Belagerung von mehreren Monaten durch die Römer erobert und zerstört. Viele der Stadtbewohner hatten sich und ihre Familien zuvor getötet. Nun befand sich fast die gesamte spanische Halbinsel, bis auf den Nordwesten, in römischer Hand. Allerdings mussten die Römer in den Jahren von 80 bis 71 v.Chr. noch einmal einen Aufstand der Lusitaner unter Sertorius niederschlagen. Kaiser Augustus beendete ebenfalls erfolgreich einen Aufstand der Kantabrer und Asturer von 29 bis 19 v.Chr. Mit diesem Sieg stand die spanische Halbinsel schließlich vollständig unter römischer Herrschaft.

In seinem Gemälde »Brennendes Numantia« stellt Alejo Vera (1834–1923) die Eroberung der Stadt durch die Römer 133 v.Chr. dar. Sie bedeutete das Ende der keltiberischen Herrschaft auf spanischem Boden.

Die Festlandkelten

Die Gallier: Von Vercingetorix bis Asterix
Gallien (lateinisch »Gallia«) ist das durch Caesars »Der Gallische Krieg« in den Jahren von 58 bis 51 v.Chr. uns bekannte Siedlungsgebiet der Kelten Mitteleuropas. Die keltischen Stämme, die Gallien bewohnten, sind als Gallier bekannt. Die Römer unterschieden zwischen Gallia Cisalpina beziehungsweise Gallia Citerior (= Gallien diesseits der Alpen), also Oberitalien, und Gallia Transalpina beziehungsweise Gallia Ulterior (= Gallien jenseits der Alpen), also das Gebiet von den Alpen bis zum Rhein im Norden und zum Atlantik und den Pyrenäen im Westen. Während Gallia Cisalpina schon im 3./2. Jahrhundert v.Chr. unterworfen wurde und die Kelten 89 v.Chr. und 49 v.Chr. dort das römische Bürgerrecht erhielten, wurde Gallia Transalpina erst von 58 bis 51 v.Chr. von Caesar erobert. Nach der gallorömischen Kultur folgte ab dem 2. Jahrhundert die Christianisierung. Ab dem 3. Jahrhundert fielen wiederholt germanische Stämme in Gallien ein, und als sich die Römer im 5. Jahrhundert zurückzogen, wurde Gallien vollständig von den germanischen Stämmen der Franken, Alemannen, Burgunder und von den Westgoten eingenommen. Gallien galt aufgrund seiner Goldvorkommen und seines fruchtbaren Ackerbodens als reiches Land, wie Strabon in seiner »Erdbeschreibung« feststellt: »Das ganze übrige Land liefert viel Getreide, Hirse und Eicheln, und allerlei Zuchtvieh. Unangebaut liegt nichts, außer wo Sümpfe und Wälder den Anbau verhindern; und doch sind auch diese bewohnt, mehr der Menschenmenge als des Fleißes wegen. Denn die Frauen sind fruchtbar und treffliche Erzieherinnen, die Männer hingegen bessere Krieger als Ackerbauer.« (4, 1, 2)

Ein Wendepunkt in der Geschichte des späteren Galliens war der Aufstieg Roms zum Imperium Romanum nach den Siegen über Karthago und die damit verbundenen Vorstöße und Eroberungen nördlich der Alpen. Im 2. Jahrhundert v.Chr. wurden die Kelten nicht nur von den Römern aus südlicher, sondern auch von germanischen Stämmen aus östlicher Richtung bedroht. Diese drangen zunächst immer mehr in die nördlichen Gebiete der Kelten ein. Dann okkupierten die Germanen die keltischen Gebiete rechts des Rheins und stießen auch in den linksrheinischen Bereich vor. Darauf weisen germanische Siedlungsspuren hin. Zum einen kam es zum Zusammenleben von Germanen und Kelten, wobei sich die Germanen durchaus gerne der weiterentwickelten Lebensweise der Kelten anpassten, zum anderen aber auch zur Verdrängung und zum Rückzug der Kelten aus ihren Gebieten. So veranlasste zum Beispiel Ende des 2. Jahrhunderts v.Chr. eine Sturmflut an der Küste des heutigen Dänemarks die dort lebenden germanischen Stämme der Kimbern, Teutonen und Ambronen, nach Süden zu ziehen. In Südwestdeutschland trafen sie auf die Helvetier, die sie aus ihrer Heimat verdrängten. Die Helvetier zogen sich daraufhin auf das Gebiet der heutigen Schweiz zurück und gelten daher als Ahnherren der Schweizer. Nur der helvetische Stamm der Tiguriner schloss sich den Germanen auf ihrem Zug nach Gallien an. Das Gebiet der Sequaner wurde von dem Germanenkönig Ariovist 71 v.Chr. erobert, der auch die Haeduer 61 v.Chr. besiegte. Von den Belgern wurden die Germanen abgewehrt, diese konnten sich aber im zentralen Gebiet Galliens festsetzen. Ihre Plünderungen führten bei den Galliern zu einer Hungersnot. Caesar berichtet, dass es in den von Germanen belagerten Oppida sogar zu Kannibalismus gekommen sei. Die Germanen verbuchten mehrere Siege über die Römer, während die Keltiberer sie abwehren konnten. Dann starteten die Germanen einen Feldzug gegen Rom. Die Römer konnten jedoch die Teutonen und Ambronen 102 v.Chr. von Aquae Sextiae (Aix-en-Provence) und die Kimbern 101 v.Chr. bei Vercellae besiegen. Nur die Tiguriner, nicht direkt an den Kämpfen beteiligt, kamen unbehelligt davon. Der Zug der Germanen rief bei den Römern die alte Furcht vor den Galliern wach, als diese – wie ausgeführt – im

Die Festlandkelten

Büste des Gaius Julius Caesar, der als römischer Feldherr den Gallischen Krieg führte und darüber berichtete. Seine Augenzeugenberichte sind eine der wichtigsten Quelle über die Kelten. Die Büste aus dem 1. Jahrhundert v. Chr. zeigt übrigens auch die hervorragende Porträtkunst der Römer, die es in der keltischen Kunst nicht gab.

Jahre 387 v. Chr. in Rom einmarschiert waren. Daraufhin wurde das römische Heer durch Marius zu einer Berufsarmee umgestaltet. Nicht zuletzt auf dieser Umgestaltung basierte der militärische Erfolg Caesars.

Gallien hatte einiges zu bieten: Es war bekannt für sein Gold, für eine florierende Landwirtschaft und gut ausgebaute Handelswege. Für den jungen, hoch verschuldeten Politiker Gaius Julius Caesar war es daher ein Objekt der Begierde. Als er 59 v. Chr. Konsul und Provinzverwalter von Gallia Cisalpina und der Provinz Narbonensis wurde, hatte er zwar Karriere gemacht, benötigte aber noch immer dringend finanzielle Mittel, um seine Schulden zu begleichen. Sie waren durch die Zahlung von Bestechungsgeldern an die Volkstribune entstanden, damit er die angestrebten Ämter erhielt. Die Eroberung Galliens bedeutet für Caesar eine Möglichkeit, an Geld zu kommen. Doch ohne einen triftigen Grund, der vom Senat in Rom akzeptiert wurde, war sie nicht möglich.

Die erhoffte Gelegenheit zu einem Angriff bot sich Caesar, als um 58 v. Chr. die Helvetier nach Westen, ins Gebiet der Santonen, auswandern wollten, da die Germanen in ihre zweite Heimat – das Gebiet der heutigen Schweiz – vordrangen. Die Helvetier wollten nur friedlich die römische Provinz durchqueren. Doch Caesar versperrte ihnen bei Genf den Weg und zwang sie so zu einem Umweg über das Juragebirge. Daraufhin richteten die Haeduer einen Hilferuf an Caesar, wie er selbst berichtet, da sie sich von den Helvetiern bedroht fühlten. Ob dies tatsächlich stimmte oder nur ein Vorwand war, um einen Grund für seinen Angriff anzugeben, ist unklar. Jedenfalls zog Caesar mit sechs Legionen gegen die Helvetier und besiegte sie bei Bibracte (Mont Beuvray). Nur ein Drittel der Helvetier überlebte und wurde zur Rückkehr in die Schweiz

Die Gallier: Von Vercingetorix bis Asterix

gezwungen. Dies war der Beginn des Gallischen Kriegs, der von 58 bis 51 v.Chr. dauern sollte. Caesar begann 57 v. Chr. mit einem Feldzug gegen die Belger, deren Siedlungsgebiet das heutige Belgien, Teile der Niederlande und Nordfrankreich umfasste. Caesar besiegte die Belger, die Römer drangen bis zur Atlantikküste vor. In den Jahren 55 und 53 v. Chr. überquerte Caesar den Rhein und in den Jahren 55 und 56 v. Chr. setzte er nach Britannien über, konnte dort aber keine Eroberungen machen. Schon 56 v. Chr. verkündete Caesar, Gallien sei unterworfen. Aber die Lage dort blieb nach wie vor unruhig und war durch ständige Kleinkriege bestimmt. Immer wieder kam es zu Aufständen, gegen die die Römer vorgehen mussten, so in den Jahren 56 v. Chr., 54 v. Chr. und vor allem im Jahre 52 v. Chr. gegen den großen gallischen Aufstand unter Vercingetorix.

Doch es sollte noch zu einem letzten großen Aufstand der Gallier unter Vercingetorix (82–46 v.Chr.) kommen, der zum Führer seines Stammes der Arverner ausgerufen worden war (die Namensendung -ix kennzeichnet ihn als Fürsten). Es gelang ihm, die freien Stämme Galliens zu einem Bündnis gegen Rom unter

---

»Der Gallische Krieg« (Commentarii de bello Gallico)
Das Werk von Caesar behandelt die Ereignisse und Eroberungen in Gallien in den Jahren von 58 bis 50 v.Chr. Es umfasst acht Bücher, die thematisch jeweils die Ereignisse eines Jahres (beziehungsweise zweier Jahre) behandeln:

1. Buch	58 v.Chr.:	Kampf gegen die Helvetier und Beschreibung Galliens
2. Buch	57 v.Chr.:	Krieg gegen die Belger
3. Buch	57/56 v.Chr.:	Kämpfe in den Alpen und gegen Aufstände der keltischen Stämme an der Atlantikküste
4. Buch	55 v.Chr.:	Kampf gegen die Germanen, erste Rheinüberquerung Caesars und erste Expedition nach Britannien
5. Buch	54 v.Chr.:	Kämpfe gegen die britannischen Völker und Aufstände in Gallien
6. Buch	53 v.Chr.:	Weitere Aufstände der Gallier, zweite Rheinüberquerung Caesars; Exkurs über Gallier und Germanen
7. Buch	52 v.Chr.:	Großer Aufstand der Gallier unter Vercingetorix
8. Buch	51–50 v.Chr.:	Letzte Eroberungen in Gallien bis zum Bürgerkrieg (von Aulus Hirtius)

Die Festlandkelten

Das Gemälde »Der Aufstand des Vercingetorix« von Lionel Royer (1852–1926) zeigt, wie Vercingetorix vor Caesar erscheint.

seiner Führung vereinen. Zunächst war er mit seiner Strategie der verbrannten Erde gegen die Römer erfolgreich, indem er auf seinem Rückzug alles für ihre Existenz Notwendige zerstörte. Elf Legionen Caesars verloren ihre Versorgungsbasis. Als Caesar Gergovia, die Heimatstadt von Vercingetorix, belagerte, konnte dieser die Römer noch zum Rückzug zwingen. Dann belagerte Caesar im Jahre 52 v.Chr. Vercingetorix in der Stadt Alesia und besiegte ihn. Allerdings war es kein schneller, leichter Sieg: Caesar ließ um Alesia eine monumentale, in der Antike einzigartige Verteidigungsanlage errichten, um sowohl den Angriff vonseiten der Stadt als auch vonseiten des zu erwartenden Entsatzheeres abzuwehren. Es war ein Verteidigungsring von 15 Kilometern Länge, der aus Gräben und einem 4 Meter hohen Wall aus Mauern und Holztürmen sowie einer Reihe von Hindernissen bestand. So war einer der Gräben mit Wasser gefüllt und ein anderer mit angespitzten Pfosten ausgestattet.

Alesia konnte drei Angriffe abwehren, aber die Lebensmittelvorräte reichten nur für 30 Tage, sodass die Einwohner bald hungern mussten. Die Römer waren bei den Kämpfen erfolgreicher, vor allem, weil sie von germanischen Kriegern unterstützt wurden. Auch das Entsatzheer für die Gallier brachte Vercingetorix kei-

Die Gallier: Von Vercingetorix bis Asterix

nen Sieg, während die Römer mithilfe hinzukommender Kohorten die Gallier schließlich in die Flucht schlagen konnten. Vercingetorix blieb nur die Kapitulation. Sechs Jahre verbrachte er im Gefängnis in Rom, ehe er von Caesar im Jahre 46 v.Chr. im Triumphzug durch Rom geführt und vermutlich hingerichtet wurde.

Im 19. Jahrhundert galt Vercingetorix als der erste Freiheitskämpfer Galliens beziehungsweise Frankreichs. Im Zuge der Romantisierung seiner Figur unternahm Napoleon III. Ausgrabungen in Alesia, es entstanden zahlreiche Denkmäler und Bilder von Vercingetorix. Letztlich ist auch die beliebte Comicserie »Asterix«, die mit dem Ziel entstanden war, den ameri-

---

Gallien

59 v.Chr.	Caesar wird Konsul und Provinzverwalter von Gallia Cisalpina und der Provinz Narbonensis
58–51 v.Chr.	Gallischer Krieg unter Caesar
52 v.Chr.	Caesar belagert die Stadt Alesia, in die sich Vercingetorix zurückgezogen hat
46 v.Chr.	Vercingetorix wird im Triumphzug durch Rom geführt
27 v.Chr.	Gallien wird von Kaiser Augustus in drei römische Provinzen eingeteilt: Gallia Lugdunensis, Aquitanien und Gallia Belgica
63–14 v.Chr.	In der Zeit der Pax Romana unter Kaiser Augustus werden die Oppida aufgegeben und neue Städte gegründet (z.B. Arles, Orange, Nîmes, Bordeaux, Paris oder Trier)
16 n.Chr.	Aufstand der Sugambrer, Usipeten und Tenkterer
21 n.Chr.	Aufstände der Treverer und Haeduer
68 n.Chr.	Bataveraufstand
293 n.Chr.	Trier wird Residenz der römischen Kaiser Constantius und Konstantin dem Großen
406 n.Chr.	Zusammenbruch der römischen Grenzen in Gallien: Eindringen der Vandalen, Sueben, Alanen, Franken und Burgunder
5. Jahrhundert	Chlodwig beendet römische Herrschaft und errichtet Frankenreich

Oppida – Die ersten Städte in Mitteleuropa

Die späte La-Tène-Zeit (2. bis 1. Jahrhundert v.Chr.) ist durch die Oppidakultur gekennzeichnet. Oppida (Singular Oppidum) sind stadtähnliche Siedlungen, die meist auf Höhenzügen liegen, an Flussschleifen oder an dem Zusammenfluss zweier Flüsse, in der Nähe von Handelsrouten oder dort, wo Bodenschätze vorkamen. Diese erste Form von Städten nördlich der Alpen waren eine Kulturleistung der Kelten, die sie von den Germanen, die keine Städte gründeten, unterschied.

Hinsichtlich ihrer Lage sind die Oppida mit den Fürstensitzen im 6. und 5. Jahrhundert v.Chr. vergleichbar, aber sie waren im Unterschied zu diesen wesentlich größer – manchmal umfassten sie bis zu mehreren Hundert Hektar. Die Oppida erfüllten in Kriegszeiten eine Schutzfunktion, weil sie Befestigungen waren, in die sich die Bevölkerung der Umgebung im Angriffsfall zurückziehen konnte. In Friedenszeiten fungierten sie als Zentren für Handel, Handwerk und Verwaltung. Vorbilder waren wahrscheinlich die Städte im Mittelmeergebiet, von dem die keltische Kultur maßgeblich beeinflusst war. Es soll rund 200 Oppida gegeben haben. Die bekanntesten und größten in Deutschland waren Manching und Heidengraben, in Frankreich Bibracte (Mont Beuvray), Alesia und Gergovia, in Osteuropa Staré Hradisko und Závist. Bibracte, das Oppidum der Haeduer, gilt als das größte von allen.

Caesar bezeichnet mit »Oppida« die Hauptorte einzelner keltischer Stämme und nennt die großen auch »urbs« (= Stadt). Von Frankreich bis Böhmen und Ungarn gleichen sich die Oppida in ihrer Architektur sowie in Bezug auf die Funde von Alltagsgegenständen, Schmuck und Waffen. Sie lassen auf politische wie wirtschaftliche Beziehungen und eine damit verbundene Mobilität schließen. In den größeren Oppida gab es sogar eigene Handwerkerviertel.

Die Oppida waren nicht nur zum militärischen Schutz mit Mauern befestigt, sondern dienten auch zur Demonstration von Macht und Wohlstand. Im rechtsrheinischen Gebiet hat es sich bei der Befestigung um Pfostenschlitzmauern gehandelt: Hinter einem Gerüst aus senkrechten Pfosten und waagerechten Balken waren Steine und Erde aufgeschüttet und die Außenseite mit Steinblöcken versehen. Im linksrhei-

»Gallisches Mauerwerk«, Eingangstor zum Oppidum am Dünsberg bei Gießen (Rekonstruktion).

nischen Gebiet war das nach Caesar genannte »Gallische Mauerwerk« (Murus Gallicus) üblich, das aus einem kastenartigen Gerüst aus waagerechten Längs- und Querbalken bestand, das mit Erde und Steinen gefüllt wurde. Außen war die Mauer mit großen Steinblöcken versehen. Die Oppidamauern konnten so Feuer und den römischen Rammböcken widerstehen.

Oppidum Manching mit Bauernhöfen um 130 v.Chr., Ausschnitt eines Modells, kelten römer museum manching.

Das Oppidum von Manching bei Ingolstadt ist eines der größten und in Deutschland das archäologisch am besten erforschte. Schon im 19. Jahrhundert und 1938 fanden dort vereinzelte, von 1955 bis 1990 dann systematische Ausgrabungen statt. Hier lebten die Vindeliker nicht nur am Zusammenfluss von Donau und Paar, sondern vor allem am Schnittpunkt zweier Handelsrouten. Auch der Handelsweg per Schiff über die Donau wurde genutzt, ein Hafen war mit dem Oppidum verbunden. Die Lage war nicht zuletzt aufgrund von Eisenerzvorkommen in der Nähe wirtschaftlich günstig.

Die Anlage umfasste 380 Hektar und war von einer 5 Meter hohen und 7 Kilometer langen Mauer umgeben. Während das Zentrum dicht besiedelt war, wurden die Randzonen innerhalb der Mauer für Viehhaltung und Ackerbau genutzt. Die Siedlung war in mehrere Viertel aufgeteilt – einschließlich eines Handwerkerviertels – und umfasste Wohngebäude, Lagerräume, Speicher, Ställe, Werkstätten zur Metallverarbeitung und Keramikherstellung, einen Marktplatz und einen Friedhof im Innen- wie im Außenbereich. Es wird wohl auch einen Kultbereich mit Tempel gegeben haben.

Zu den herausragendsten Funden gehören ein vergoldetes, aus Holz geschnitztes Bäumchen und eine Pferdeplastik, die wahrscheinlich kultischen Zwecken dienten. Als die Römer aus Süden und Westen und germanische Stämme aus dem Norden vordrangen, bedeutete dies das Ende von Manching. Die letzten Funde stammen aus der Zeit um 40/30 v.Chr.

kanischen Comics etwas eigenständiges »Französisches« entgegenzusetzen, als späte Nachwirkung von dem historischen Freiheitskampf des Vercingetorix inspiriert worden.

Nicht nur die strategisch-militärische Überlegenheit der Römer – vor allem aufgrund ihrer Einheit und Ausdauer im Unterschied zu den Galliern –, sondern auch die militärischen und diplomatischen Fähigkeiten Caesars führten letztlich zum Sieg der Römer über die Gallier. Zudem hatte Gallien eine – durch den Handel mit den Römern geförderte – Infrastruktur, die diesen zugute kam: Die einzelnen Oppida Galliens waren durch ein Netz von ausgebauten Handelsstraßen miteinander verbunden, das für die militärischen Aktionen der Römer hilfreich war – im Gegensatz zur Wildnis in Germanien ohne Infrastruktur, wo der Cherusker Arminius 9 n.Chr. in der Varusschlacht die Römer erfolgreich aus dem Hinterhalt hatte angreifen und besiegen können.

Der siebenjährige Gallische Krieg hatte Caesar Erfolg, Ruhm, Macht und finanziellen Gewinn gebracht, während die Gallier den Krieg in jeglicher Hinsicht teuer bezahlen mussten: 800 gallische Städte und Siedlungen waren zerstört, von zwölf Millionen Galliern rund eine Million getötet und rund eine Million versklavt. Gallien war derart geschwächt, dass es zu keinem weiteren Aufstand mehr kam. Auch dann nicht, als in Rom der Bürgerkrieg ausbrach, aus dem Caesar wiederum als Sieger hervorging.

Die galloromische Kultur:
Keltisches Erbe und römische Kultur
Einen Teil des späteren südlichen Galliens hatten die Römer bereits in den Jahren von 125 bis 118 v.Chr. erobert und dort die Provinz Gallia Narbonensis gegründet. Caesar eroberte im Gallischen Krieg von 58 bis 51 v.Chr. dann das übrige Gebiet Galliens. Im Jahre 27 v.Chr. wurde Gallien von Kaiser Augustus in drei

Die gallorömische Kultur: Keltisches Erbe und römische Kultur

römische Provinzen eingeteilt: Gallia Lugdunensis im Zentrum, Aquitanien im Südwesten und Gallia Belgica im Nordosten. Am Zusammenfluss von Rhône und Saône entstand die römische Siedlung Lugudunum (Lyon) mit einem Tempel für die Göttin Roma, einem für Kaiser Augustus und einem für den Gallischen Landtag (Concilium Galliarum), in dem sich Vertreter der Führungsschicht von 60 Stämmen trafen.

Keltischer Bauer aus gallorömischer Zeit mit römischer Tunika und keltischem Kapuzenmantel darüber. Bronzestatuette, Mitte des 1. Jahrhunderts n.Chr.

Gallische und römische Kultur verbanden sich ab Mitte des 1. Jahrhunderts n.Chr. zur gallorömischen Kultur. Dabei übernahmen die Kelten einerseits die Verwaltung und religiöse Vorstellungen der Römer, hielten andererseits aber beispielsweisean ihrer gallischen Sprache, dem Kapuzenmantel und der Hose – neben der römischen Toga – oder an dem weiblichen Schmuck wie Halsringen und Fibeln (Gewandnadeln) fest. Neue Formen entstanden in der Architektur, so der bis dahin in Italien unbekannte Umgangstempel – ein von einem Säulengang umgebener Tempel.

Insbesondere die adlige Führungsschicht der keltischen Stämme war gegenüber der römischen Kultur und Lebensweise aufgeschlossen und passte sich am schnellsten an. Der Grund: Sie erhielten von Kaiser Augustus eine Reihe von Privilegien wie beispielsweise eine Position in der Verwaltung Galliens oder im militärischen Bereich. Außerdem wurde ihnen das volle römische Bürgerrecht gewährt, das später alle Gallier erhalten sollten. Damit war es der gallischen Elite möglich, sogar hohe politische Ämter in Rom, wie zum Beispiel das eines Senators, zu übernehmen. Keltische Bräuche wie Kopfjagd oder Menschenopfer wurden jedoch verboten, auch Druiden durften ihre Tätigkeit nicht ausüben.

Die Festlandkelten

In der Zeit der Pax Romana, der Friedenszeit im gesamten Römischen Reich unter Kaiser Augustus (63–14 v.Chr.), die 27 v.Chr. mit dem Regierungsantritt von Kaiser Augustus begann, wurden die Oppida aufgegeben und neue Städte gegründet, darunter Arles, Orange, Nîmes, Bordeaux, Paris oder Trier. Diese Städte wurden – im Unterschied zu den Oppida auf Anhöhen – in Tälern oder Ebenen angelegt. Sie waren durch Häuser aus Stein und die Anlage von Straßen und einer Kanalisation geprägt. Die Infrastruktur mit einem ausgebauten Straßennetz einschließlich Poststationen in ganz Gallien förderte den Handel: Geräte aus Eisen, Textilien, Gänsedaunen, Lebensmittel wie Schinken, Käse oder der seit der Eroberung durch die Römer auch in Gallien angebaute Wein waren in Rom begehrte Güter. Nach Ende des Römischen Reichs wurden die lateinischen Namen der Städte nach denen keltischer Stämme umbenannt, so Paris nach den Parisiern (vorher lateinisch Lutetia), Reims nach den Remern (vorher lateinisch Durocortorum) oder Chartres nach den Karnuten (vorher lateinisch Autricum).

Auch in gallorömischer Zeit gab es immer wieder Aufstände der keltischen Stämme in Gallien. So kam es zum Beispiel 16 v.Chr. zu einem Aufstand der Sugambrer, Usipeten und Tenkterer, 21 n.Chr. zu Aufständen der Treverer und Haeduer, 68 n.Chr. zu einem Aufstand

Die um 180 n.Chr. erbaute Porta Nigra diente als Stadttor Triers. In gallorömischer Zeit war Trier eine römische Kaiserstadt mit keltischen Einwohnern.

Die gallorömische Kultur: Keltisches Erbe und römische Kultur

unter dem Aquitaner Julius Vindex und nach dessen Niederlage und Selbstmord zum Bataveraufstand unter der gemeinsamen Führung des römischen Offiziers Julius Civilis vom germanischen Stamm der Bataver, der beiden Treverer Julius Classicus und Julius Tutor sowie des Lingonen Julius Sabinus. Ihnen gelang es, zahlreiche römische Truppen zwischen Köln und Mainz auf ihre Seite zu ziehen und Teile des Nordosten Galliens und das Rheinland zu erobern. Bei Trier fand die entscheidende Schlacht der germanischen Stämme der Bataver, Ubier, Brukterer, Tenkterer sowie der gallischen Stämme der Treverer und Lingonen auf der einen Seite gegen die römischen Truppen auf der anderen Seite statt. Den Römern gelang es, die Germanen und Gallier in die Flucht schlagen. An der letzten Schlacht 70 n.Chr. bei Xanten zwischen den Germanen unter Civilis und den Römern waren kaum noch Gallier beteiligt – die Römer siegten endgültig. Die Revolte des Classicus war allerdings kein Aufstand ganz Galliens wie unter Vercingetorix, denn er hatte nicht die Mehrheit der gallischen Stämme hinter sich wie dieser. Es ist zudem zweifelhaft, ob Classicus überhaupt eine völlige Loslösung vom Römischen Reich anstrebte oder nur eine gewisse Eigenständigkeit Galliens. Nur unter Diokletian und seinem Mitregenten Maximian kam es im 3. Jahrhundert n.Chr. noch einmal aufgrund wirtschaftlicher Not zu einem Aufstand der Landbevölkerung, Bauern und Hirten, der sogenannten Bagauden. Ansonsten bestimmten nach dem Bataveraufstand die Römer und Germanen das weitere Geschehen in Gallien.

Im 1. Jahrhundert n.Chr. wurde unter Domitian die als Limes bekannte Grenze entlang des Rheins zwischen dem römischen und dem freien Teil Germaniens angelegt. 197 n.Chr. kämpften in Gallien Kaiser Septimius Severus und sein Konkurrent Clodius Albinus um die Macht, wobei die Provinzhauptstadt Lugudunum zerstört wurde. 233/234 und 260 kam es zu zwei Einfällen der Alemannen in Gallien. Nachdem die

Römer die Alemannen besiegt hatten, wurde aus Gallien, Germanien, Spanien und Britannien ein von Rom unabhängiges Sonderreich durch den Ursurpator Postumus geschaffen, das bis 273 n.Chr. bestand. 293 n.Chr. wurde Trier zur Residenz des römischen Kaisers Constantius I. Chlorus, der Gallien, die Iberische Halbinsel und Britannien regierte. Auch sein Sohn Konstantin der Große lenkte das weströmische Reich zunächst von Trier aus, bevor er später als Alleinherrscher des gesamten Römischen Reichs nach Konstantinopel wechselte. Während der Wirren um die Thronfolge nach dem Tod Konstantins des Großen fielen germanische Völker in Gallien ein, die Constantius II. zu Hilfe gerufen hatte. Sein Neffe Julian und Kaiser Valentinian konnten die Rheingrenze wiederherstellen und sichern.

Der römische Dichter und Denker Ausonius (310–393), dessen Mutter aus einer Familie der Oberschicht des keltischen Stammes der Haeduer stammte, verfasste um 370 sein berühmtes Werk »Mosella«, eine Art Reisebeschreibung, in der die Kaiserstadt Trier und das Moseltal geschildert werden: »Gruß dir, mein Strom, den die Auen rühmen, lobpreisen die Siedler, dir, dem der Belger verdankt jene Mauern, der Kaiserstadt würdig. Strom zwischen Reben und an Hängen, wo duftende Weine gedeihen, Strom zwischen grasige Ufer gebettet, tiefgrünster der Ströme: Schiffbar gleich einem Meer, wie ein Fluss dich senkend (...).« (X, 23–27)

406 kam es zum endgültigen Zusammenbruch der römischen Grenzen: Vandalen, Sueben, Alanen fielen von Westen, die Franken von Norden und die Burgunder von Süden in Gallien ein. Den Römern blieb nichts anderes übrig, sie als Verbündete zu akzeptieren und zu integrieren. 418 n.Chr. gründeten die Westgoten ihr Reich im Südwesten Galliens, das 475 n.Chr. den Höhepunkt seiner Macht erreichte. Der Frankenkönig Chlodwig überwand schließlich im 5. Jahrhundert die römische Herrschaft, eroberte die alemannischen und westgotischen Gebiete in Gallien und errichtete das

Die gallorömische Kultur: Keltisches Erbe und römische Kultur

Fränkische Reich, das von nun an die Geschichte des Abendlandes prägt. Über das Aussterben der gallischen Sprache und damit das Ende keltischer Kultur in Mitteleuropa ist nichts bekannt. Feststeht, dass im 5./6. Jahrhundert die gallische Sprache kaum noch gesprochen wurde, die Gallier hatten sich an die Kultur der Franken angepasst. Aus dem Jahre 725 n.Chr. stammt der Text eines Kaufvertrags (Staatsarchiv, Mailand), in dem der Verkauf eines Sklaven namens »Satrelanus, gallischer Herkunft« besiegelt wurde. Auch in späteren Dokumenten oder Chroniken ist zwar noch von »Galliern« die Rede, damit waren aber wohl nur die Einwohner Galliens beziehungsweise Frankreichs gemeint.

Die Inselkelten

Bis heute werden in Irland, Schottland, Wales und der Bretagne noch keltische Sprachen gesprochen. Man unterscheidet die goidelische Sprachgruppe mit den Sprachen Irisch, Gälisch und Manx und die britannische Gruppe mit den Sprachen Kymrisch, Kumbrisch, Kornisch und Bretonisch. Wie in der Eisenzeit die keltische Sprachen auf die Britischen Inseln gelangten, ist bis heute nicht eindeutig geklärt. Von großer Bedeutung für das Christentum war die Mission der irischen Mönche nicht nur in Schottland und Britannien, sondern auch auf dem europäischen Festland. Den irischen Mönchen ist auch eine vielfältige christlich-mittelalterliche Literatur zu verdanken, die aufgrund von vorchristlich-keltischen Überlieferungen (Mythen, Sagen und Märchen) erhalten ist. Die Überlieferungen über König Arthur gingen als keltisches Erbe in die Weltliteratur ein und sind noch heute in Musicals und Filmen präsent.

Die Anfänge: Stonehenge und andere Irrtümer
Stonehenge gilt heute in der Keltenideologie gerne als Symbol der frühen Kelten in Britannien. So steht es schon in dem Werk »The history of the kings of Britain« von 1136, das der Geistliche und Gelehrte Geoffrey von Monmouth verfasste, ebenso wie bei archäologisch Interessierten des 18. Jahrhunderts wie dem Altertumsforscher William Stukeley und heute bei den Sonnenwendfeiern der sogenannten Neukelten. Doch die Anlage von Stonehenge stammt aus der jüngeren Steinzeit und ist zeitlich zwischen 2500 und 2000 v.Chr. zu datieren. Daher kann sie mit den erst ab dem 6. Jahrhundert v.Chr. auftretenden Kelten nichts zu tun haben.

Der Name »Britannien« ist abgeleitet von dem römischen Wort »Britannia« (stammt von dem Völkernamen Britanni), das man in einigen keltischen Sprachen findet (Prydain = Britannien bzw. Prydyn = Land der Pikten). Die frühesten Berichte über Britannien und Irland

Die Anfänge: Stonehenge und andere Irrtümer

stammen von griechischen Seefahrern aus dem 6. Jahrhundert v.Chr., auf die dann im 4. Jahrhundert n.Chr. der römische Dichter Avienus in seinem Werk »Ora maritima« zurückgreift. Im 4. Jahrhundert v.Chr. gelangte der griechische Seefahrer Pytheas von der Hafenstadt Massalia (Marseille) nach Britannien und Irland. Sein Reisebericht »Über das Weltmeer« ist nicht erhalten, man weiß nur von ihm durch die Erwähnung antiker Autoren. Über die römische Zeit Britanniens informieren Julius Caesar, der im Zuge des Gallischen Krieges zwei Expeditionen in den Jahren 55 und 54 v.Chr. dorthin unternahm, und Tacitus (um 58–nach 117 n.Chr.) in seinen »Annalen« und in »Agricola«. Keltische Namen kommen vor allem noch in dem »Handbuch der Geografie« des griechischen Gelehrten Klaudios Ptolemaios vor, das er um 150 n.Chr. verfasste.

Es lassen sich in Britannien und Irland keine großen Veränderungen der Bevölkerung während der Bronze- und Eisenzeit feststellen, die auf eine Einwanderungswelle, die vom Festland ausging, hindeuten. Gesichert ist nur, dass die keltische Sprache vom europäischen Festland nach Britannien und Irland gelangte, wann und wie bleibt aber unklar. Es sind zwei keltische Sprachgruppen erkennbar: die goidelische Gruppe mit den Sprachen Irisch, Gälisch und Manx und die britannische Gruppe mit den Sprachen Kymrisch, Kumbrisch, Kornisch und Bretonisch. Der Hauptunter-

Irische Kreuze auf dem Friedhof der Insel Inishmore.

schied besteht darin, dass das Goidelische den aus dem Indogermanischen stammenden Laut Q bewahrt oder zu K weiterentwickelt hat, während der Q-Laut im Britannischen zu P geworden ist. So unterscheidet man entsprechend das Q-Keltische (das Goidelische) und das P-Keltische (das Britannische).

Britannien weist in größerem Umfang archäologische Funde auf als Irland. Die frühesten keltischen Funde in Britannien – nahe der Themsemündung – stammen aus dem 5. Jahrhundert v.Chr. und zeigen große Ähnlichkeiten mit den Funden der keltischen Kultur in der Champagne (Frankreich). Die Phase Hallstatt D bietet nur wenige Funde von Siedlungen und keine Gräberfunde. Einzelfunde (z.B. Gefäße, Waffen) sind meist Nachahmungen aus der Hallstattkultur des Festlandes, keine Importwaren. Typisch nicht nur für Britannien, sondern auch für Irland sind mit Wall und Graben befestigte Höhensiedlungen (englisch »hillforts«) aus der zweiten Hälfte des ersten Jahrtausends. Die größte dieser Siedlungen ist Maiden Castle in der Grafschaft Dorset, das im 2. Jahrhundert v.Chr. seine Blütezeit erlebte. In Irland ist die ehemalige Steinfestung Dun Aengus auf Inishmore, der größten Insel der drei Aran Islands, aufgrund der Größe seiner aus vier konzentrischen Wallringen bestehenden Anlage zu erwähnen. Für den Norden und Nordosten Britanniens sind die massiven Turmburgen, die Brochs, typisch als keltische Hinterlassenschaft.

Erwähnenswert sind Funde hervorragender Metallarbeiten in Britannien, zum Beispiel kunstvoll gearbeitete Schwerter, Helme (wie der bekannte von Waterloo mit zwei Hörnern), ferner Torques aus Gold, Bronzebeschläge von Schilden, Spiegel aus Bronze und Pferdezaumzeug. Diese Funde waren oft – wohl als Opfergaben – in Flüssen wie der Themse versenkt worden. Besonders die Begräbnisformen unterschieden sich je nach Region. Für die Arraskultur im 4. und 3. Jahrhundert v.Chr. im Osten von Yorkshire sind Erd-

Die Anfänge: Stonehenge und andere Irrtümer

bestattungen in Form von Hügelgräbern charakteristisch. Die Arraskultur gleicht der Marnekultur in der Champagne und führte zu der Diskussion, ob und inwiefern die Ähnlichkeiten aufgrund keltischer Einwanderungen vom Festland her beruhen oder ob nur bestimmte Elemente übernommen wurden. Für die Aylesford-Swarling-Kultur (in der Zeit kurz vor Christi Geburt) im Südosten Englands sind die ansonsten seltenen Brandgräber, in denen die Überreste verbrannter Toter beigesetzt wurden, mit vielen Grabbeigaben kennzeichnend. Auch Caesar erwähnt in seinem »Der Gallische Krieg«, dass an der Küste Britanniens Stämme der Belger lebten und zwischen ihnen und den Stämmen gleichen Namens in Ostgallien ein intensiver Kontakt bestehe.

Historisch gesicherte Informationen über Britannien besitzen wir erst ab der Zeit, als die Römer ins Land kamen. Irland und Schottland blieben von einer römischen Besetzung verschont. Caesar lieferte mit seinem Werk den ersten römischen »Augenzeugenbericht« über Britannien. Als er der Küste in den Jahren 55 und 54 v.Chr. zwei kurze Besuche abstattete, handelte es sich jedoch nicht um Eroberungen, sondern – wie Tacitus es ausdrückt – »er habe Britannien der Nachwelt nur gezeigt, nicht übergeben«. Caesar geriet hier in Bedrängnis, vor allem, weil die meisten seiner Schiffe durch Sturm und Flut zerstört worden waren. An Sieg war nicht zu denken, nur mit Mühe konnte er eine Niederlage im Kampf gegen die keltischen Stämme verhindern.

Nach den Stippvisiten Caesars in Britannien sollten 90 Jahre vergehen, ehe sich den Römern unter Kaiser Claudius eine Gelegenheit bot, das Land zu erobern. Wie auf dem Festland gab es auch hier keine Einheit unter den keltischen Stämmen, sondern Konkurrenz und Kämpfe. Angesichts dieser Auseinandersetzungen riefen einige Stämme die Römer zu Hilfe. Diese ließen sich nicht lange bitten, rückten 43 n.Chr. an und blie-

Die Inselkelten

Der Hadrianswall bildete ab 122 n.Chr. rund 300 Jahre lang die Nordgrenze des römischen Britanniens.

ben. Nach und nach wurde Britannien romanisiert. Unter Kaiser Claudius wurde es schließlich römische Provinz mit der Hauptstadt Londinum (London).

Anders als bei den Festlandkelten fanden nur wenige Aufstände der Inselkelten gegen die Römer statt, wie zum Beispiel unter der Keltenfürstin Boudicca 60 n.Chr., die sich gegen die Übergriffe seitens der Römer wehrte und mehrere keltische Stämme Britaniens zu einem gemeinsamen Aufstand gegen die Römer vereinen konnte. Die antiken Autoren Tacitus und Ammianus Marcellinus berichten von nackten, tätowierten Kriegern in Schottland, die nur Eisenringe um Körper und Hals getragen hätten sowie einen Gürtel mit Schwert. Den Römern unter Agricola gelang es nicht, sie zu besiegen und Schottland zu erobern. Nur Wales und England wurden römische Provinzen. Es entstanden Städte wie London, Bath, Lincoln oder York, die durch ein Straßennetz miteinander verbunden wurden. Wie auf dem Festland war auch hier vor allem die keltische Oberschicht gegenüber der römischen Kultur und Lebensweise aufgeschlossen, was ihr Reichtum, Sicherheit und Frieden garantierte. Trotz der Romanisierung keltischer Tradition, zu der auch die Verehrung keltischer Gottheiten gehörte, blieb sie erhalten, soweit sie nicht im Widerspruch zur römischen Herrschaft und ihren Gesetzen stand.

Kaiser Hadrian ließ ab 122 n.Chr. den als Hadrians-

Irland: Keltische Mönche als Missionare in Europa

Britannien	
2500–2000 v.Chr.	Entstehung und Nutzung von Stonehenge
5. Jahrhundert v.Chr.	Früheste keltische Funde in Britannien
4./3. Jahrhundert v.Chr.	Arraskultur im Osten von Yorkshire
2. Jahrhundert v.Chr.	Höhensiedlung von Maiden Castle (Dorset)
1. Jahrhundert v.Chr.	Aylesford-Swarling-Kultur
55 und 54 v.Chr.	Zwei Kurzaufenthalte Caesars in Britannien
77–84 n.Chr.	Kriegszüge Agricolas nach Wales und Schottland
60 n.Chr.	Aufstand der Ikener unter Fürstin Boudicca
122 n.Chr.	Kaiser Hadrian lässt den Hadrianswall errichten
407 n.Chr.	Letzte römische Truppen verlassen Britannien
793	Überfall auf Kloster Lindisfarne, Beginn der Wikingerzeit

wall bekannten Verteidigungswall anlegen zum Schutz gegen Angriffe Stämme in Schottland. Der 113 Kilometer lange Wall verlief quer durch Nordengland und bestand zunächst aus einem Graben, dann wurde eine 4 bis 5 Meter hohe Mauer errichtet sowie zahlreiche Wachtürme und Kastelle. Der Hadrianswall bildete für rund 300 Jahre die Nordgrenze der römischen Provinzen Britanniens. Im 4. Jahrhundert dann kam es zu Einfällen der Pikten, Scoten und der Germanen. Die letzten römischen Truppen zogen im Jahr 407 ab.

Irland: Keltische Mönche als Missionare in Europa

Es ist unklar, wie und wann genau Irland von Kelten besiedelt wurde, vermutlich im 4. Jahrhundert v.Chr. »Ériu« heißt Irland in der keltischen Sprache, »Hibernia« nannten die Römer die Insel. Die Eisenverarbeitung in Irland ist erstmals für das 7. Jahrhundert v.Chr. belegt. Zwar wurden Nachahmungen von Gegenständen des Festlandes aus der Zeit Hallstatt C entdeckt, aber keine Funde aus der Zeit Hallstatt D und aus der frühen La-Tène-Zeit. Aus der späten La-Tène-Zeit dagegen sind einzelne hervorragende Metallarbeiten erhalten, so Schwertscheiden, Pferdegeschirre oder Bronzehörner aus regionaler Herstellung, aber auch ein aus dem Mittelrheingebiet stammender Torques. Erwähnenswert ist ferner der Goldschatz von Broighter, der in der Grafschaft Londonderry entdeckt

Die Inselkelten

wurde. Zu ihm gehört unter anderem ein mit Pflanzenornamenten verzierter Halsring aus heimischer Produktion und Armringe, die vom Festland stammen und daher ein Hinweis auf entsprechende Handelsbeziehungen sind. Zu dem Fund gehören außerdem das Modell eines Bootes und ein Kessel. Größere Siedlungen sind in Irland bis heute kaum nachweisbar. Typisch für sie sind die von Ringwällen umgebene Rundhäuser, wie die von Deer Park Farms (Glenarm), Cranvorne (Dorset) oder Quin (County Clare).

Bis zum frühen Mittelalter blieb Irland unabhängig. Es wurde – wie Schottland – von den Römern nicht erobert, war also nie Teil des römischen Imperiums. Entsprechend fremd und exotisch erschien die Insel den Römern. Strabon berichtet in seiner »Erdbeschreibung« sogar über Kannibalismus: »Von dieser Insel wissen wir nichts Gewisses zu sagen, außer dass ihre Bewohner noch wilder sind als die Britannier, zumal sie Menschenfresser sind und Vielfresser, und es für rühmlich halten, ihre verstorbenen Eltern zu verzehren; ja sogar sich öffentlich zu begatten, wie mit anderen Weibern, so mit Müttern und Schwestern. Jedoch auch dieses erzählen wir nur so, ohne glaubwürdige Zeugen zu haben.« (4, 5, 4)

Man weiß nur wenig über die keltische Lebensweise in Irland. Die Wirtschaft wurde in erster Linie von Ackerbau und Viehzucht bestimmt. Als keltische Kultstätten sind zu erwähnen: Tara (Temair, Grafschaft

Rekonstruierte Rundhäuser eines keltischen Dorfes bei Quin (Irland).

Irland: Keltische Mönche als Missionare in Europa

Meath), Knockaulin (Dún Ailinne, Grafschaft Kildare) und Navan Fort (Emain Macha, bei Armagh). In Navan Fort wurde der Schädel eines Berberaffen gefunden, der als Beleg für Beziehungen – welcher Art ist unbekannt – zwischen Nordafrika und Irland gelten kann. Die keltische Kultur fand – wie erwähnt – nicht durch die Römer, sondern erst durch christliche Missionare ihr Ende.

Der christliche Glaube breitete sich innerhalb relativ kurzer Zeit in Irland aus. Die keltische Religion erfuhr zum Teil eine christliche Umdeutung oder war nur noch als Aberglaube präsent. Als erster Bischof wurde im Jahre 431 Palladius nach Irland gesandt – mit dieser Information gibt uns der spätantike Schriftsteller Prosper von Aquitanien in seiner Weltchronik das erste gesicherte Datum der irischen Geschichte an. Allerdings erfahren wir nicht mehr über Palladius. Der Überlieferung nach war der heilige Patrick derjenige, dem die Christianisierung Irlands zu verdanken ist. Über das Leben des bedeutendsten Heiligen und Schutzpatrons von Irland geben seine beiden Werke »Confessio« (Bekenntnis) und »Epistula ad Coroticum« (Brief an Coroticus) Auskunft. Ihnen zufolge stammte Patrick entstammte einer romanisierten keltischen Familie aus Britannien. Im Alter von 16 Jahren wurde er von Seeräubern nach Irland entführt und musste dort als Sklave leben, bis er auf einem Schiff fliehen konnte. Aber er erfuhr eine Vision, die ihn veranlasste, nach Irland zurückzukehren und das Christentum zu verkünden. Patrick lebte und wirkte im 5. Jahrhundert, so viel ist sicher. Über alles andere in seinem Leben fehlen weitere Informationen: Nicht nur das Geburts- und Todesjahr ist unbekannt, sondern auch, wo er als Sklave in Irland lebte und welche Gebiete er später dort missionierte. Für Irland bedeutete sein Wirken einen Wendepunkt in der Geschichte des Landes. Obwohl Patrick hier nicht der erste christliche Missionar war, verhalf er dem Christentum zum Durchbruch. Dies war auch

Der heilige Patrick, Schutzpatron Irlands, in einer Darstellung des 19. Jahrhunderts.

Die Inselkelten

Ruine des Oratoriums des Mönchsklosters aus dem 4. Jahrhundert n.Chr. auf Inishmore, der größten der drei Inseln von Aran Islands vor der Westküste Irlands.

für das europäische Festland von Bedeutung, denn die christliche Mission Westeuropas erfolgte in der Nachfolge Patricks durch irische Mönche! In Irland entstand eine ausgeprägte Klosterkultur: Ab dem 6. Jahrhundert wurden immer mehr Klöster gegründet, im Vergleich mit ihnen verloren die Bistümer an Bedeutung. Diese Klosterkultur prägte die irische Kirche bis ins 12. Jahrhundert. Nicht nur in der Organisation, auch in der Liturgie und in der Berechnung des Ostertermins unterschieden sich die keltischen Kirchen, also die irische, schottische und walisische Kirche, von der römischen Kirche. Erst im 7. Jahrhundert erfolgte hinsichtlich des Ostertermins eine allmähliche Anpassung an die römische Kirche.

Der Beginn der Klostergründungen in Irland und Britannien ist die »Wanderschaft« von Mönchen im 6. und 7. Jahrhundert. Sie wurde als heilige Pilgerreise für Christus (Peregrinatio religiosa pro Christo) verstanden. Die wichtigsten Klostergründer in der Zeit zwischen 500 und 650 n.Chr. sind: Búithe († 521), der das Kloster Monasterboice gründete, Brigit († 524), die das Doppelkloster Kildare gründete, Columba († 597), Missionar und Gründer der Klöster Derry, Durrow und Iona, und Kevin († 618), der das Kloster Glendalough gründete. Über das Leben dieser Gründer sind – wie im Falle Patricks – nur wenige historische Fakten überliefert.

Irland: Keltische Mönche als Missionare in Europa

Auch über das Leben der heiligen Brigit sind keine historischen Fakten bekannt. Es gab eine keltische Göttin gleichen Namens. Es scheint, dass sich der Kult dieser Göttin mit dem der heiligen Brigit vermischte. Die Tatsache, dass sie als Schutzheilige der Haustiere und des Ackerbaus gilt, und das sogenannte Brigittenfeuer, das ihr zu Ehren als ewiges Feuer in den von ihr gegründeten Klöstern brennt, gehen auf keltische Vorstellungen zurück. Der Kult der heiligen Brigit verbreitete sich ab dem 7. Jahrhundert in ganz Irland und gelangte mit irischen Missionaren auf das europäische Festland. Die legendenhafte Biografie des Mönches Cogitosus über die heilige Brigit enthält viele Elemente aus der keltischen Überlieferung Irlands. Darin wird berichtet, dass sie aus einer armen Familie in der Grafschaft Kildare stamme und vom heiligen Patrick getauft worden war. Brigit hütete zunächst Kühe. Dann wurde sie Äbtissin und gründete eine Abtei. Ihr Heiligentag fällt auf den 1. Februar, dem Tag des irischen Frühlingsanfangs (Imbolc).

Die Missionierung der Mönche war klösterlich und nicht bischöflich organisiert, das bedeutete: Sie wurde von den Äbten, nicht von Rom oder den Bischöfen geleitet und war vor allem durch eine strenge Askese und Bußpraxis (Einführung der privaten Beichte mit »Bußtarifen«, ähnlich wie ein Bußgeldkatalog) geprägt. Auf ihrer Wanderschaft missionierten die irischen Mönche in Britannien, Schottland und auf dem europäischen Festland.

Irisches Kreuz aus der Grafschaft Offaly, 10. Jahrhundert.

Columba († 597), ein Ururenkel des Gründers der keltischen Dynastie der Uí Néill, war der erste bedeutende irische Missionar, der in Schottland und auf dem europäischen Festland wirkte. Columbanus (um 540–615), auch Columban der Jüngere genannt, aus Leinster missionierte im Frankenreich und gründete dort die Klöster Anagrates (Annegray) und Luxovium (Luxeuil, heute Luxeuil-les-Bains) und andere Klöster. Später wurde er verbannt und gelangte von der Bretagne aus

Die Inselkelten

über Gallien, Burgund und den Bodensee nach Oberitalien, wo er ein weiteres Kloster in Bobbio gründete, in dem er starb.

Gallus († zwischen 645 und 650), ein Schüler von Columbanus, war mit diesem an den Bodensee gekommen, wo er fortan als Einsiedler lebte. Nach seinem Tod entwickelte sich zunächst ein Heiligenkult, dann wurde im 8. Jahrhundert das nach ihm benannte Kloster St. Gallen gegründet. Es war für die Verbreitung irischer Klosterkultur in Bezug auf die Missionierung und Verbreitung von Bildung auf dem Festland von großer Bedeutung.

Kilian († 689), der erste Bischof von Würzburg, missionierte in Ostfranken und Thüringen, ehe er mit seinen Mitbrüdern Kolonat und Totnan bei Würzburg den Märtyrertod erlitt. Seine Gebeine wurden in die Kathedrale von Würzburg überführt und es entstand ein bis nach Irland reichender Kult.

Virgil († 784) stammte aus einer adligen Familie aus Irland. Er organisierte von Salzburg aus die Slawenmission. Er war es auch, der 774 den Bau des ersten Salzburger Doms veranlasste.

Irische Mönche waren zu ihrer Zeit die gebildetsten Europäer und daher auch am Hofe Karls des Großen sehr beliebt. Dann kam es infolge unterschiedlicher Ansichten, unter anderem über die Bußpraxis, zwischen den irischen Mönchen und Rom zu einem Rückgang ihrer Präsenz. Erst im 11. Jahrhundert erlangten sie noch einmal Einfluss, als die Schottenklöster gegründet wurden. Bei ihnen handelte es sich um einen Verband irischer Benediktinerklöster wie in Regensburg, Würzburg, Nürnberg, Erfurt, Konstanz, Eichstätt oder Wien, die erst Ende des Mittelalters von deutschen Benediktinermönchen abgelöst wurden. Im Verlauf der späteren Geschichte bis zur Gegenwart wurde Irland von der Konfrontation der katholischen und protestantischen Konfession geprägt, Schottland und Wales dagegen von der Reformation.

Irland: Keltische Mönche als Missionare in Europa

Da Irland nie zum Römischen Reich gehört hatte, wurde die lateinische Sprache und die lateinische Schrift dort erst mit der Christianisierung als Sakralsprache eingeführt. In vorchristlicher Zeit hatte es – nach römischem Vorbild – die Oghamschrift gegeben. Sie bestand aus 20 Buchstaben, die durch Striche und Punkte dargestellt wurde. In den Klöstern entstand eine vielfältige Literatur, so zum Beispiel die Annalen (z.B. die »Annalen von Ulster«), die als historische Quelle wertvoll sind, da sie beispielsweise Daten von Kriegen, Regierungszeiten von Königen, Daten der Gründung oder Zerstörung von Klöstern und so weiter angeben. In den Skriptorien entstanden ebenfalls Rechtstexte und -sammlungen. Bekannt sind ferner der Lobpreis des Columba (um 600 n.Chr.) von Dallán Forgaill, das Volksbuch »St. Brendans Seefahrt«, die Gedichte über das Leben Christi von Blathmac mac Con Brettan (8. Jahrhundert), die Erzählung »Die Vision des Adamnán« (9./10. Jahrhundert) oder der Heiligenkalender des Oengus mac Oengobann (9. Jahrhundert).

Irische Klostergründer und Missionare	
Patrick	5. Jahrhundert
Columba	520–597
Búithe	† 521
Brigit	† 524
Columbanus (Columba der Jüngere)	543–615
Kevin	† 618
Gallus	† um 650
Kilian	† 689
Virgil	† 784

Irland bestand im Mittelalter aus nicht weniger als 150 kleinen Königreichen (túath) mit schätzungsweise jeweils 3000 Einwohnern beziehungsweise Stammesmitgliedern. Die Gesellschaft war streng hierarchisch gegliedert, dem König schuldete man absoluten Gehorsam. Es ist zu vermuten, dass ihm in vorchristlicher Zeit wohl eine zugleich religiöse Funktion zukam. Die Gesellschaft war bäuerlich geprägt. Der Wohlstand wurde anhand der Größe der Rinderherden und der Anzahl der Sklaven bemessen.

Irland war in fünf große Provinzen eingeteilt: Connacht (Connachta) im Westen, Ulster (Ulaid) im Norden, Leinster (Laigin) im Osten, Munster (Mumu) im Südwesten und Meath (Mide) mit dem Hügel von Uisneach als Mittelpunkt Irlands. Man glaubte, dass alle großen irischen Dynastien von einem gemeinsamen

Die Inselkelten

Der Stein von Tara in der Grafschaft Meath (Irland) war eine keltische Kultstätte und zugleich ein berühmter Königssitz. Der phallusförmige Stein gilt noch heute im Volksglauben und bei den Neukelten als magisch. Wahrscheinlich spielte er eine besondere Rolle für Fruchtbarkeitsriten und wurde als Zentrum der Welt angesehen.

Ahnherrn abstammten. In der Provinz Connacht herrschten die drei Dynastien der Uí Briúin, der Uí Fiachrachi und der Uí Maine, die auf die drei Brüder des Königs Niall Noígiallach zurückgingen. Die Dynastien von Ulster waren die Dál Fíatach, die Dál nAraide und die Dál Riata, die ab dem 6. Jahrhundert auch im Westen Schottlands herrschten. In der Provinz Leinster mit dem berühmten Königssitz Tara regierten die Dynastien der Uí Chennselaig und der Uí Dúnlainge. Der »König von Tara« galt als der ranghöchste aller Könige in Irland. Munster mit dem Königssitz Cashel wurde von der Dynastie der Eóganachta beherrscht, als deren Ahnherr Eógan Már galt, und die Provinz Mide von der Dynastie der Clann Cholmáin.

Bis zum 10. Jahrhundert kämpften die Dynastien der Uí Néill im Norden und der Eógnachta im Süden um die Vorherrschaft. Dann stieg die Dynastie der Dál Cais auf, deren Herrscher Brian Boru König von ganz Irland wurde. Durch seine populäre Gestalt entwickelte sich die Idee eines nationalen irischen Königtums. Ein weiterer bedeutender König war Toirdelbach Ua Conchobair (Turlough O'Connor) von Connacht und sein Sohn Ruaidrí, der 1166 König wurde, während zur gleichen Zeit Diarmait Mac Murchada (Dermot Mac Murrough) von Leinster ins Exil fliehen musste.

Das Ende der Blütezeit der irischen Klosterkultur kam mit der Wikingerzeit, die mit dem Überfall auf das Kloster Lindisfarne im Jahre 793 begann. Es folgten weitere Überfälle der Wikinger auf die Klöster an den irischen Küsten. Ab 830 drangen die sie ins Landesinnere vor und legten Stützpunkte an den Küsten an, zum Beispiel Dublin. Gegenstände der Liturgie aus Edelmetall, aber auch Vieh und Lebensmittel waren eine begehrte Beute der Wikinger. Mit der Zeit verbün-

Irland: Keltische Mönche als Missionare in Europa

deten und vermischten sich Iren und Wikinger, die Wikinger beeinflussten Handel und Schifffahrt in Irland. Nachdem die Anglonormannen in Irland Fuß gefasst hatten, wuchs die Dominanz Englands immer mehr. Englische Siedler verdrängten die einheimische irische Bevölkerung oder vermischten sich mit ihr.

Die irische Kirche erlebte – nicht zuletzt aufgrund des englischen Einflusses – mehrere Reformen. Auf der Reformsynode von 1152 erfolgte eine Aufteilung der irischen Kirche in vier Erzbistümer (Armagh, Tuam, Dublin und Cashel), wobei Armagh eine Vorrangstellung erhielt. Die berühmte Klosterkultur Irlands sollte jedoch an Bedeutung verlieren. Unter Heinrich VIII., der von 1509 bis zum seinem Tod 1547 regierte, wurden die Klöster schließlich aufgelöst.

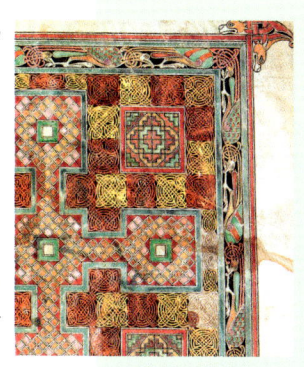

Das »Book of Lindisfarne« ist ein vollständig erhaltenes Evangeliar aus dem 8. Jahrhundert, das in Kloster Lindisfarne entstand. Hier ein Detail, das die komplizierte Flechtbandornamentik einer Seite zeigt.

Der ins Exil geflohene König von Leister, Diarmait Mac Murchada, bat König Heinrich II. von England 1166 um Unterstützung, um als König wieder nach Irland zurückkehren zu können. Diarmait Mac Murchada konnte dann mit dem als Verbündeten gewonnenen Grafen von Pembroke, Richard Fitz Gilbert de Clare, und einem Söldnerheer nach Irland zurückkehren. Nach seinem Tod 1171 beanspruchte und erlangte Richard Fitz Gilbert de Clare die Königswürde von Leinster. Daraufhin zeigte nun auch Heinrich II. Interesse an Irland. Auf der Synode von Cashel 1172 wurde seine Oberhoheit anerkannt. Er unterstellte Dublin direkt der englischen Krone und vergab die Provinzen Leinster und Meath als Lehen an Richard Fitz Gilbert de Clare und Hugh de Lacy, einem normannischen Adligen. Im Vertrag von Windsor 1175 wurde Irland in ein anglonormannisches Gebiet und einen irischen Teil mit eigenem König aufgeteilt. Im folgenden Jahrhundert konnten die Anglonormannen ihr Herrschaftsgebiet wesentlich vergrößern. Die anglonormannische beziehungsweise angloirische und die irische Bevölkerung verschmolzen zunehmend miteinander. Dagegen konnte auch das Verbot von Mischehen und Adoptionen des englischen Königs in den Statuten von Kilkenny 1366 nichts ausrichten.

König Heinrich VIII., auf den – in Abgrenzung zur katholischen Kirche – die anglikanische Kirche zurückgeht, wurde 1536 Oberhaupt der irischen Kirche und 1541 König von Irland. Es erfolgte die Zwangsansiedlung englischer Siedler in Irland und die Unterdrückung der einheimischen Bevölkerung. Beides führte zu einer ethnisch-kulturellen Unterscheidung zwischen Iren und Anglo-Iren auf der einen und den neuen Siedlern, den »Neuengländern«, auf der anderen Seite. Außerdem entwickelten sich die Auseinandersetzungen zwischen den drei Gruppen immer stärker zu einem Religionskrieg, denn die Neuengländer waren – im Gegensatz

---

Irland

1. Jahrhundert v.Chr.	Funde von Metallarbeiten (späte La-Tène-Zeit)
5. Jahrhundert n.Chr.	Mission des heiligen Patrick
431 n.Chr.	Palladius wird als erster Bischof nach Irland gesandt = erstes historisches Datum von Irland
500–650 n.Chr.	Zeit der Klostergründungen
10. Jahrhundert	Brian Boru aus der Dynastie Dál Cais wird König von ganz Irland
1152	Reformsynode: Aufteilung der irischen Kirche in vier Erzbistümer (Armagh, Tuam, Dublin und Cashel)
1172	Synode von Cashel: Oberhoheit Heinrichs II. über Irland wird anerkannt
1175	Vertrag von Windsor: Aufteilung Irlands in ein anglonormannisches Gebiet und einen irischen Teil mit eigenem König
1536	König Heinrich VIII. wird Oberhaupt der irischen Kirche
1541	König Heinrich VIII. wird König von Irland
1652	Aufstand von Iren und Altengländern, der von Oliver Cromwell niedergeschlagen wird: seitdem politische Vorherrschaft der Protestanten bis ins 19. Jahrhundert
1801	Union Irlands mit Großbritannien
1845–1848	Große Hungersnot
19. Jahrhundert	Gründung von Vereinigungen wie der Gesellschaft zur Bewahrung der irischen Sprache, der Gälischen Union oder Gälischen Liga mit dem Ziel der Förderung der irischen Sprache
1922	Gründung des Irischen Freistaates als Teil des British Empire
1931	Autonomie Irlands

Irland: Keltische Mönche als Missionare in Europa

Irische Einwanderer brachten die keltische Tradition nach Nordamerika (aus: »Illustrated London News« 1871).

zur katholischen Mehrheit der einheimischen Bevölkerung – Anhänger der Reformation.

In Irland setzte sich schließlich die Gegenreformation durch und die englische Krone musste ihre Eroberungen wiederholt mit der Ansiedlung von englischen und schottischen Protestanten sichern. Mit der Niederschlagung des Aufstandes im Jahre 1652 von Iren und Altengländern durch Oliver Cromwell kam es zur politischen Vorherrschaft der Protestanten. Diese wurde erst im 19. Jahrhundert beendet, als die katholische Mehrheit der Bevölkerung politisch aktiv wurde und sich irisches Nationalbewusstsein mit dem Katholizismus verband. 1801 erfolgte die Union Irlands mit Großbritannien, gegen die sich nationalistische Gruppierungen wandten, wie zum Beispiel das Junge Irland und die Irisch-Republikanische Bruderschaft (Bruderschaft der Fenier in den USA), die nach der Großen Hungersnot von 1845 bis 1848 entstand. Durch die 1907 gegründete Partei Sinn Féin (= Wir selbst) wurde 1922 der Irische Freistaat als Teil des British Empire gegründet. Noch gehörten allerdings sechs Grafschaften nicht dazu. Die Autonomie erreichte Irland erst 1931.

Die Inselkelten

Schottland: Das Königreich Dál Riata

Das Hochland von Schottland wurde von irischen Einwanderern wohl schon im 3. Jahrhundert n.Chr. besiedelt. Sie bezeichneten sich als Gälen, Gälisch war ihre Sprache. In Südschottland dagegen war das Kumbrische verbreitet. Um 500 n.Chr. emigrierte Fergus Mór mac Eire von Irland nach Schottland und gründete dort das Königreich Dál Riata. Nördlich und östlich von ihm lag das Reich der Pikten, über deren Sprache wir nur wenig wissen. War man früher der Meinung, dass die Pikten eine vorindogermanische (also keine keltische) Sprache gesprochen hätten, ordnet man heute die Pikten durchaus den Kelten zu. In der wechselvollen Geschichte des Königreiches Dál Riata und der Pikten kam es zwischen ihnen zu Kriegen, aber auch zu Bündnissen gegen gemeinsame Feinde wie zum Beispiel die Angeln Northumbriens. Schließlich konnte Kenneth mac Alpin († 858), König von Dál Riata, beide Reiche unter seiner Herrschaft vereinigen.

Der Anfang vom Ende dieser keltisch-schottischen Monarchie war die Tötung von König Duncan I. im Jahre 1040 durch seinen Rivalen Macbeth. Diesen Königsmord hat William Shakespeare um 1606 in seiner Tragödie »Macbeth« verarbeitet. Nach dem Tod Macbeths gelangte mit Duncans Sohn Malcom III. noch einmal ein Mitglied des keltischen Königshauses an die Herrschaft. Aber unter ihm nahm der englische Einfluss in Schottland immer mehr zu. 1286 erlosch das keltisch-schottische Königshaus, da es keinen rechtmäßigen Thronanwärter mehr gab. So bestimmte König Eduard I. von England 1292 John Balliol zum König von Schottland. Aber es regte sich Widerstand gegen den von England bestimmten König. Anführer des zunächst erfolgreichen

Nackt und tätowiert, so beschreiben antike Autoren wie Tacitus die Krieger der Pikten. Darstellung von Lucas de Heere, 1534–1584).

Schottland: Das Königreich Dál Riata

Widerstandes war der Freiheitskämpfer William Wallace. Er besiegte die Engländer 1297 in der Schlacht von Stirling Bridge, wurde aber ein Jahr später selbst besiegt und 1305 hingerichtet. Erst dem Anglonormannen Robert Bruce gelang es 1314 in der Schlacht von Bannockburn, die Unabhängigkeit Schottlands erneut durchzusetzen. Im Jahre 1371 übernahm das Haus Stuart den Thron von Schottland. In der folgenden Zeit wurden die Gegensätze zwischen dem englisch beeinflussten schottischen Tiefland und dem traditionellen, Gälisch sprechenden und katholischen Hochland verschärften sich. Aus dem Hause Stuart wurde Maria Stuart als Schottlands Königin bekannt, die von ihrer Konkurrentin Elisabeth von England gefangen genommen und 1587 hingerichtet wurde. Das war ein für das Theater geschaffener Stoff, wie das 1800 uraufgeführte berühmte Drama »Maria Stuart« von Friedrich von Schiller zeigt. 1603 kam es zur Personalunion zwischen Schottland und England, als der Sohn Maria Stuarts als Jakob VI. König von Schottland und gleichzeitig als Jakob I. König von England wurde. Schottland und England wurden zwar von einem König regiert, waren aber nach wie vor zwei getrennte Königreiche. Ein bis heute wichtiges Datum für die Schotten ist das Jahr 1692, als beim Massaker von Glencoe knapp 80 Mitglieder des MacDonald-Clans, einer der mächtigsten schottischen Clans, durch die Engländer ihr Leben verloren. 1707 erfolgte die Vereinigung von Schottland mit England zu Großbritannien. In den folgenden Jahrzehnten versuchten die Anhänger Jakobs II., die Jakobiten, erfolglos, dem Hause Stuart wieder den Thron zu verschaffen. Mit dem Jakobitenaufstand 1745 veränderte sich die Gesellschaft, das bisherige Clansystem löste sich auf. Das Wachsen der Bevölkerung führte zu Hungersnöten. Deshalb verdingten sich viele Männer aus dem schottischen Hochland als Söldner vor allem im Siebenjährigen Krieg, im Unabhängigkeitskriegs Nordamerikas und in den Kriegen Napoleons. Als es

Die Inselkelten

nach diesen Kriegen keinen Bedarf mehr an Soldaten gab, wanderten viele Schotten des Hochlandes in die USA, nach Kanada, Australien und Neuseeland aus. Die gälische Sprache ging immer mehr zurück und wurde Mitte des 20. Jahrhunderts nur noch auf den Hebriden, einer Inselgruppe vor der Nordwestküste Schottlands, gesprochen. Die Hebriden – im 14. Jahrhundert ein Zentrum gälischer Kultur – erfuhren eine wechselvolle Geschichte unter irischer, norwegischer, schottischer und englischer Herrschaft.

Schottland wurde von irischen Mönchen missioniert, deren berühmtester Columba († 597) war. Er gründete die Klöster Derry, Durrow und Kells sowie ein Kloster auf Iona, in dem er seine letzte Ruhe fand. Im 8. Jahr-

Schottland

3. Jahrhundert n.Chr.	Besiedlung durch irische Einwanderer
um 500 n.Chr.	Fergus Mór mac Eire emigriert von Irland nach Schottland und gründet das Königreich Dál Riata
6./7. Jahrhundert	Mission durch die Iren (bekanntester Missionar Columba)
9. Jahrhundert	Kenneth mac Alpin († 858), König von Dál Riata, vereinigt sein Reich mit dem der Pikten
1286	Ende des keltisch-schottische Königshauses
1292	König Eduard I. von England ernennt John Balliol zum König von Schottland
1297	William Wallace besiegt in der Schlacht von Stirling Bridge die Engländer
1305	Hinrichtung von William Wallace durch die Engländer
1314	Robert Bruce erlangt in der Schlacht von Bannockburn die Unabhängigkeit Schottlands
1371	Das Haus Stuart übernimmt den Thron von Schottland
1587	Maria Stuart, Königin von Schottland, wird von Elisabeth von England hingerichtet
1692	Massaker von Glencoe: 80 Mitglieder des MacDonald-Clans sterben bei einer Strafaktion der Engländer
1707	Vereinigung von Schottland mit England zu Großbritannien
1745	Jakobitenaufstand mit dem Ziel, dem Hause Stuart wieder den Thron zu verschaffen
1760–1765	Veröffentlichung der »Werke Ossians« des Schotten James Macpherson
19. Jahrhundert	Gründung von Vereinigungen wie der Gaelic Society of London, der Highland Society of Scotland oder Highland Association, die sich mit schottischer Sprache und Kultur beschäftigten

Schottland: Das Königreich Dál Riata

Die »keltische« Tradition kommt in den Highland Games in Schottland zum Ausdruck. Heute sind es Veranstaltungen mit sportlichen Wettkämpfen, die ursprünglich ein Teil der »Gatherings«, der Treffen schottischer Clans, waren.

hundert prägten die »Vasallen Gottes« (Céli Dé) – eine monastische Reformbewegung – das religiöse Leben Schottlands. Im 11. Jahrhundert gelangten Mönchsorden wie die Benediktiner, Augustiner und Zisterzienser vom europäischen Festland nach Schottland. Bedeutend war das christliche Kunsthandwerk, bei dem sich christliche, germanische und keltische Elemente vermischten – wie zum Beispiel bei den Hochkreuzen oder den illuminierten Handschriften aus dem frühen Mittelalter. Herausragende Beispiele dieser Handschriften sind das Evangeliar von Durrow, das von Kells sowie das von Deer. Die Reformation bedeutete eine einschneidende Zäsur in der schottischen Kirchengeschichte. Die Gründung der schottischen Nationalkirche wurde von dem schottischen Adel und John Knox, einem Schüler Johannes Calvins, dem Reformator in Genf, betrieben.

Die Clans von Schottland wurden über die Grenzen des Landes hinaus bekannt. Sie prägten die Gesellschaft vor allem im westlichen Hochland, da bestimmte Clans wichtige Ämter in der Gesellschaft und Politik einnahmen. Der Clanchef hat die absolute Vollmacht über die Mitglieder des Clans. Ein Clan ist ein Familienverband, der sich – der männlichen Linie folgend – auf einen gemeinsamen Ahnherrn zurückführt. Historisch nachweisbar sind die Ahnherren der späteren Clans in Schottland

Die Inselkeln

in der Zeit zwischen 1150 und 1350. Auch in Irland wurde die Gesellschaft durch Clans bestimmt, in beiden Ländern war die Bezeichnung dafür »clann« oder »cenél«.

Wales: Kelten als Fremde im eigenen Land
Die Römer hatten sich 410 n.Chr. aus Britannien endgültig zurückgezogen. Die folgenden 200 Jahre werden als das »dunkle Zeitalter« Britanniens bezeichnet. Über die genauen Ereignisse ist wenig bekannt. Die Geschichte Britanniens wurde ab dem 5. Jahrhundert durch die Ansiedlung der germanischen Stämme der Jüten, Sachsen und Angeln bestimmt. Darauf deuten schon der Name »England« (= Land der Angeln) und die auf das Germanische zurückgehende englische Sprache hin. Ab 800 n.Chr. kam es zu Einfällen und Eroberungen der Wikinger. Keltische und nordgermanische Kultur vermischten sich, die Kelten wurden aber auch zurückgedrängt, zu Fremden im eigenen Land, wie es im Namen »Wales« (= Land der Fremden) zum Ausdruck kommt.

Das heutige Gebiet von Wales war in folgende keltische Königreiche aufgeteilt, über die es nur wenige Informationen gibt: Dumnonia im Südwesten (Cornwall und Devon), deren Einwohner sich auch in der Bretagne ansiedelten, Dyfed im Süden, Brycheiniog im Osten, Gwynedd im Nordwesten, Powys im Nordosten und im

Keltisches Dorf mit Rundhäusern in Chysauster, Cornwall (England), Rekonstruktionszeichnung.

Wales: Kelten als Fremde im eigenen Land

Zentrum, ferner die Königreiche Rheged und Strathclyde im Norden. Wales bestand also aus vielen Königreichen, die untereinander rivalisierten. Daher wurde das Vordringen der Angelsachsen und der Wikinger erleichtert. Es gab immer wieder Versuche, Wales zu einen, wie zum Beispiel unter König Rhodri Mawr im 9. Jahrhundert oder unter dessen Enkel Hywel ap Cadell (Hywel Dda = der Gute) im 10. Jahrhundert, der die Königreiche Seisyllwg, Dyfed und Gwynedd unter seiner Herrschaft vereinigen konnte, und schließlich unter dem bedeutendsten Herrscher, Gruffudd ap Llywelyn († 1063). Aber diese Erfolge waren nicht von Dauer. Bis Ende des 11. Jahrhunderts hatten die Angelsachsen alle keltischen Königreiche mit Ausnahme von Strathclyde erobert.

Die Eroberer führten Änderungen in der Siedlungsform ein, indem Burgen mit Wall und Gräben sowie ummauerte Städte angelegt wurden. Bedeutsam war auch, dass der englische König Eduard I. im Jahre 1301 seinem Sohn Eduard (später Eduard II.) die Herrschaft über das Fürstentum Wales übertrug, sodass bis zum heutigen Tag jeder britische Thronfolger den Titel »Prince of Wales« (= Fürst von Wales) trägt. Ein Aufstand von 1400 bis 1406 unter Owain Glyndŵr, einem Nachkommen der Könige von Powys und Deheubarth und zum Fürsten von Wales ernannt, war zunächst erfolgreich, wurde dann aber durch den englischen König beendet. Die Union von Wales und England von 1536 bis 1542 bedeutete das Ende der Eigenständigkeit Wales' und die Anglisierung, vor allem des Adels. Während der Adel die englische Sprache übernahm, wurde von der unteren Bevölkerungsschicht die kymrische Sprache bis Anfang des 20. Jahrhunderts gesprochen.

König Arthur und seine Tafelrunde, Holzstich um 1880, nach einer Buchminiatur aus dem 14. Jahrhundert

Die Inselkelten

Wales

768	Von den keltischen Kirchen übernimmt die von Wales als letzte den Ostertermin der westlich-römischen Kirche
10. Jahrhundert	Hywel ap Cadell (»Hywel Dda« = der Gute) vereinigt die Königreiche Seisyllwg, Dyfed und Gwynedd unter seiner Herrschaft
11. Jahrhundert	Angelsachsen haben alle keltischen Königreiche erobert (außer Strathclyde)
1301	König Eduard I. von England überträgt seinem Sohn Eduard (später Eduard II.) die Herrschaft über das Fürstentum Wales
1400–1406	Aufstand unter Owain Glyndŵr
1536–1542	Union von Wales und England
18. Jahrhundert	Gründung von Vereinigungen wie der Honourable Society of Cymmrodorion, Gwyneddigion oder Cymreigyddion, die sich mit Sprache, Literatur und Kultur von Wales beschäftigten

Eine Zäsur für die Geschichte Wales' bedeutete die industrielle Revolution, die Ende des 18. Jahrhunderts begann. Gleichzeitig kam es zur Abkehr von der anglikanischen Kirche und zur Hinwendung zu freikirchlicher Gruppen, vor allem den Methodisten. Ein Zeichen der Rückbesinnung auf die eigene Geschichte war die Gründung der walisischen Nationalpartei 1925.

Bedeutendster Theologe Britanniens war der Mönch Pelagius (360–435 n.Chr.), dessen Thesen – der Pelagianismus – aufgrund der Ablehnung der Lehre des Kirchenvaters Augustinus von der Erbsünde und der Betonung der Willensfreiheit des Menschen von Rom als Häresie verurteilt wurde. Als Heilige gelten in Wales vor allem: Dyfrig, Cadog, Gründer des Klosters Llancarfan, Illtud, Gründer des Klosters Llanilltud Fawr, Telo, Gründer des Klosters Llandeilo, Beuno, Deinol und schließlich David, der Nationalheilige von Wales, der das Kloster St. David in Glyn Rhosyn gegründet haben soll. Von den keltischen Kirchen übernahm die Kirche von Wales als letzte im Jahre 768 den Ostertermin der westlich-römischen Kirche.

Die Bretagne: Inselkeltisches Erbe auf dem Festland

In der Bretagne (= kleines Britannien), ehemals ein Teil von Gallien und heute zu Frankreich gehörend, haben

Die Bretagne: Inselkeltisches Erbe auf dem Festland

sich bis zur Gegenwart keltische Kultur und Tradition erhalten. Die Bretagne wurde von der Kultur der Inselkelten geprägt, das Bretonische gehört als keltische Sprache zur inselkeltischen Sprachgruppe des Britannischen.

In der Bronzezeit erlebte die Bretagne aufgrund ihres Zinnvorkommens einen wirtschaftlichen Aufschwung, der in der Eisenzeit abebbte. In den beiden Jahrhunderten vor Christi Geburt hatten sich hier keltische Stämme wie die Coriosoliter, Redoner und Veneter angesiedelt, die intensive Handelsbeziehungen sowohl mit Britannien als auch mit Gallien betrieben. Nach der Eroberung durch Caesar 57/56 v.Chr. hieß die Bretagne »Aremorica« (= Land am Meer) und gehörte später unter Kaiser Augustus zur Provinz Gallia Lugdunensis. Im späten 3. und im 4. Jahrhundert wanderten Kelten von Britannien kommend in die Bretagne ein. Die Römer hatten diese Ansiedlung veranlasst, da die Bretagne zu dieser Zeit kaum bevölkert war. Im 5. und 6. Jahrhundert erfolgte eine zweite Einwanderungswelle aus Britannien. Diesmal erfolgte sie auf Druck der Iren und Angelsachsen. Jetzt, ab dem 6. Jahrhundert, hieß das Land »Britannia minor« (= Klein-Britannien). Durch die angelsächsischen Eroberungen in Britannien wurde die bis dahin enge Verbindung zu den Kelten in der Bretagne beendet. In der folgenden Zeit wurde die Geschichte der Bretagne durch die Merowinger, Normannen und zuletzt Frankreich be-

---

Die Bretagne

57/56 v.Chr.	Römische Eroberung unter Caesar, unter Kaiser Augustus wird die Bretagne ein Teil der Provinz Gallia Lugdunensis
3./4. Jahrhundert	Einwanderung von Kelten aus Britannien auf Veranlassung der Römer
5./6. Jahrhundert	Einwanderung von Kelten aus Britannien auf Druck der Iren und Angelsachsen: Britannia minor (Klein-Britannien)
1532	Union der Bretagne mit Frankreich
1805	Gründung der Académie Celtique in Paris, die sich mit bretonischer Literatur beschäftigt

Die Inselkelten

Keltischer Ringwall im Wald von Huelgoat, Bretagne, 1. Jahrhundert n.Chr.

stimmt. Mit einem Edikt wurde 1532 in Nantes die Union der Bretagne mit Frankreich und das Ende der politischen Selbstständigkeit besiegelt. Als französische Provinz erlebte die Bretagne dann einen wirtschaftlichen Aufschwung durch den Seehandel, die Landwirtschaft und die Textilherstellung – bis zu den kriegerischen Auseinandersetzungen mit England im 17. Jahrhundert. Zunächst beteiligte sich die Bevölkerung der Bretagne stark an der Französischen Revolution von 1789, aber schon bald kam es zu einer Gegenbewegung der Königstreuen, die das Land lange Zeit spaltete. Bereits vor der Union der Bretagne mit Frankreich war das Land zweisprachig, im Osten der Bretagne ist die bretonische Sprache nie heimisch geworden.

Die Bretagne:
Inselkeltisches Erbe auf dem Festland

Literatur als inselkeltisches Erbe

Irland
- Ulsterzyklus (Mittelalter):
  Geschichten aus der Provinz Ulster, deren Haupthelden König Conchobar mac Nessa und sein Neffe Cú Chulainn sind sowie das Königspaar Ailill und Medb als deren Gegenspieler (z. B. »Der Rinderraub von Cuailnge«, »Die Geschichte vom Schwein des Mac Dathó« und die »Zerstörung der Halle Da Dergas«)
- Finnzyklus (auch Ossianischer Zyklus, Mittelalter):
  Geschichten über Jagd- und Liebesabenteuer und Kriege, die sich im 3. Jahrhundert n.Chr. abspielen und deren Haupthelden Finn, der Anführer der Fianna, sein Sohn Oisin und dessen Sohn Oscar sind
- Königszyklus (Mittelalter):
  Erzählungen über die bedeutendsten Königen vom 3. Jahrhundert v.Chr. bis zum 11. Jahrhundert n.Chr.
- William Butler Yeats:
  »The Celtic Twilight« (»Die keltische Dämmerung«, 1893)
- James Joyce »Finnigan's Wake« (1939)

Schottland:
- »Buch des Dekan von Lismore«: Bardische Gedichte
- James Macpherson: »Works of Ossian« (= »Die Werke Ossians«, auch »Die Gesänge Ossians«, 1765)
- Walter Scott »The Lady of the Lake« (1810), »Waverly« (1814), »Rob Roy« (1817) »Redgauntlet« (1824).

Wales und England:
- J. R. R. Tolkien: »Lord of the Rings« (»Der Herr der Ringe«, 1954/55)
- Arthur-Literatur
  - Geoffrey von Monmouth: »Historia Regum Brianniae« (»Die Geschichte der Könige Britanniens«, um 1137)
  - Thomas Malory: »Le Morte Darthur« (»Der Tod Arthurs«, 1485)
  - Hartmann von Aue, Gottfried von Straßburg (»Parzifal«)
  - Wolfram von Eschenbach (»Tristan und Isolde«, »Parzival«)
  - Marion Zimmer Bradley: »The Mists of Avalon« (»Die Nebel von Avalon«, 1982)

Keltische Kultur

Im Folgenden werden die wichtigsten Aspekte keltischer Kultur, nämlich Gesellschaft, Wirtschaft, Religion, bildende Kunst und Literatur, dargestellt. Prinzipiell gilt, dass keine allgemeingültigen Aussagen über die keltische Kultur möglich sind. Es müssen immer die zeitlichen und regionalen Unterschiede beachtet werden: Bereits bei den Festlandkelten der Antike umfasste der Zeitraum keltischer Kultur rund 700 Jahre, bei den Inselkelten ist keltische Kultur bis heute präsent. Und die geografische Ausbreitung der Kelten reichte immerhin von Irland über das europäische Festland bis nach Kleinasien.

Fürsten, Könige und Krieger: Die Gesellschaft

Die aufgrund von Ackerbau und Viehzucht agrarisch geprägte Gesellschaft der Kelten war streng hierarchisch gegliedert. Sie bestand aus der Adelsschicht an der Spitze, zu der Herrscher, Priester und Krieger gehörten, dann folgten Händler und Handwerker, und zur untersten Schicht gehörten Bauern, Diener und Sklaven. Schon die aufwendigen Fürstengräber der Hallstattzeit weisen mit ihren kostbaren Grabbeigaben und im Gegensatz dazu die einfachen Bestattungen mit wenigen oder überhaupt keinen Grabbeigaben auf eine gesellschaftliche Hierarchie hin. Für die La-Tène-Zeit liegen zudem schriftliche Zeugnisse antiker Autoren wie Caesar, Diodor oder Pausanias vor. Während in der Hallstattzeit Dolch und Goldhalsring als Statussymbole dem Bestatteten mitgegeben wurden, zeigte die La-Tène-Zeit anhand von Grabbeigaben wie Waffen eher eine kriegerische Seite.

Bei den Kelten spielten die Sippe und der Stamm eine zentrale Rolle, weniger der Einzelne. Zunächst regierte ein König (»rigs«, verwandt mit lateinisch »rex« und indisch »radscha«, der etymologischen

Dieses rekonstruierte Bauernhaus im Keltendorf bei Bundenbach zeigt, wie die einfache Bevölkerung der Kelten gelebt hat. Die Wände bestanden aus einem Flechtwerk, das mit Lehm verputzt wurde.

Fürsten, Könige und Krieger: Die Gesellschaft

Wurzel von »richten«) den Stamm. Die Fürsten der Hallstattzeit lassen sich in ihrer Führungsfunktion mit Königen der Antike vergleichen. In der Zeit des Gallischen Krieges bestand die Regierung aus einem Gremium von Adligen. Ob der Torques, der Halsring, eine Königsinsignie beziehungsweise ein Amtsabzeichen wie die Krone oder eher ein Hinweis auf den Rang des Trägers war, ist nicht klar. Diodor berichtet in seiner Weltgeschichte, dass einige Galaterherrscher ein hellenistisches Diadem trugen. Inwiefern die Fürsten der Hallstattzeit und die keltischen Könige der römischen Zeit nur weltliche oder auch religiöse Macht und Befugnisse besaßen, ist nicht eindeutig belegt. Cicero bezeichnet den Galaterherrscher Deiotarus als einen bekannten Seher. Zur Zeit des Gallischen Krieges war bei den Galliern die Adelsherrschaft üblich, wie man bei Caesar und Tacitus nachlesen kann. »Früher gehorchten sie Königen, jetzt werden sie durch konkurrierende Fürsten und Parteien zerrissen«, so Tacitus (Agricola XII, 1). Allerdings gab es bei einigen Stämmen nach wie vor Könige. Wo die Adelsherrschaft einmal eingeführt war, galt es als Hochverrat, die Herrschaft als König anzustreben: Der Haeduer Dumnorix, der Helvetier Orgetorix und Celtillus, Vater von Vercingetorix, wurden dafür mit dem Tode bestraft.

Es gab bei den Galliern einen Stammesrat (lateinisch »senatus«), bestehend aus der Oberschicht eines Stammes, und eine Versammlung der Stämme (lateinisch »concilium«). Strabon, der betont, die Adelsherrschaft sei ein Kennzeichen der Kelten, berichtet, dass bei den Galliern jedes Jahr ein Herrscher in der Volksversammlung gewählt wurde. Auch ein Heerführer wurde immer so gewählt. Allerdings hatten in der Volksversammlung nur die Adligen ein Wahlrecht. Nach Strabon war die Versammlung durch strenge Ordnungsregeln geprägt: Wenn zum Beispiel jemand eine Rede in der Versammlung störte, wurde er durch einen Ordner, der sein Schwert zog, zur Ruhe aufgefor-

Keltische Kultur

Ein Lager keltischer Krieger vor dem Kampfeinsatz – eine sehr fantasievolle Darstellung.

dert. Wenn dies mehrmals passierte, wurde dem Störenden so viel von seinem Mantel abgeschnitten, dass dieser nicht mehr brauchbar war.

Die gallischen Fürsten und Krieger hatten neben Sklaven ihre Gefolgschaft (Klientel). Das keltische Wort dafür ist über das latei-nische »ambactus« bis heute im deutschen »Amt« erhalten geblieben. Je größer die Gefolgschaft eines Adligen, desto größer war auch sein Ansehen. Caesar berichtet, dass Orgetorix, einer der reichsten Männer der Helvetier, über 10 000 Gefolgsleute besaß. Aufgrund seiner damit verbundenen Macht konnte ein gegen ihn angestrebtes Gerichtsverfahren nicht durchgesetzt werden. Nach Caesar basierte das Verhältnis zwischen dem Herrn und seinen Dienern beziehungsweise seiner Gefolgschaft auf gegenseitigen Pflichten: Der Herr musste den Schutz seiner Leute garantieren und von diesen erwartete er dafür Treue und Gehorsam. Das Verhältnis zwischen Herrn und Gefolge hatte nicht nur soziale und wirtschaftliche, sondern auch religiöse Hintergründe. Caesar spricht von »Geweihten«: »Sie leben so, dass sie im Leben alle Freuden mit denen zusammen genießen, deren Freundschaft sie sich geweiht haben, wenn aber diesen ein Missgeschick widerfährt, entweder dieses mit ihnen teilen oder sich das Leben nehmen.« (III, 22)

Die Mehrheit der Bauern war von den Adligen abhängig, nach Caesar wurde sie sogar wie Sklaven behandelt. Händler und Handwerker, vor allem Schmiede, genossen dagegen ein höheres Ansehen. Die Sklaven als unterste Gesellschaftsschicht waren völlig ohne Rechte. Sklave wurde man zum Beispiel durch Kriegsgefangenschaft, aufgrund von Schulden oder als Beute von Sklavenjägern.

Einen keltischen Staat hat es nie gegeben, sondern nur eine Vielzahl von eigenständigen Stämmen. Zwar kam es zeitweise zu Kriegsbündnissen von mehreren Stämmen – Vercingetorix gelang es beispielsweise, fast alle Stämme in Gallien für seinen Aufstand 54 v.Chr. gegen die Römer zu vereinen –, aber die stärkeren Stämme strebten meist eine Vorherrschaft über die schwächeren an. Oft waren die Stämme untereinander auch zerstritten. Nicht selten traten keltische Stämme auf die Seite der Römer in der Hoffnung, ihre Interessen besser durchsetzen zu können. So war – nach Caesar – der Auslöser des Gallischen Krieges ein Hilferuf der Haeduer an die Römer wegen einer befürchteten Invasion der Helvetier auf ihr Gebiet. Haeduer und Arverner – später auch die Sequaner – waren die führenden Stämme in Gallien.

Zwar besagt das Fehlen von Waffen als Grabbeigaben in der Hallstattzeit nicht, dass es eine friedliche Kultur war. Aber die Beigaben wie Waffen und zweirädrige Streitwagen der La-Tène-Zeit weisen zumindest mit größerer Sicherheit auf eine besondere Bedeutung des Krieges und des Kriegers hin. Ein Krieg wurde mit religiösen Zeremonien eingeleitet. So wurden vor allem die Feldzeichen feierlich hervorgeholt, wobei die Krieger sich gegenseitig Unterstützung schworen. Bei den Feldzeichen handelte es sich wohl um Standarten mit Tierdarstellungen, wie sie auf Münzen dargestellt sind. Tacitus berichtet, dass auch die Germanen Standarten mit Tierdarstellungen trugen.

Die Mehrheit der keltischen Krieger in römischer

Keltische Kultur

Keltischer Krieger zur Zeit Caesars, ausgestattet mit Eisenhelm, Kettenhemd, Schwert und Schild.

Zeit waren Fußsoldaten. Pferde und zweirädrige Streitwagen waren der Elite vorbehalten, ebenso Helme und Kettenhemden aus Metall. Das Schwert aus Eisen (oder Bronze) war die wichtigste Waffe der Kelten, zunächst als Hieb- und Stichwaffe mit einer geraden Klinge von rund 60 Zentimetern Länge, später eher als Hiebwaffe mit rund 80 Zentimetern Länge, getragen an einer Eisenkette an der Hüfte. Auf die bedeutende Rolle des Schwertes als Waffe der Kelten deuten die Tierdarstellungen an den Klingen hin, wobei unklar ist, ob sie auf den Hersteller oder den Besitzer verweisen oder generell eine religiös-magische Bedeutung besaßen. Keltische Schwerter galten aufgrund ihrer guten Qualität als Markenware in der antiken Welt.

Weitere Waffen waren Wurfspeere und Stoßlanzen mit eisernen Spitzen, Pfeil und Bogen sowie Schleudern. Die Schilde waren aus Holz und Leder gefertigt und mit Wappentieren gekennzeichnet, der Schildbuckel bestand aus Metall. Die Krieger, die es sich leisten konnten, wurden im Kampf von einem Schildträger begleitet. Helme und Hemden waren meist aus Leder, nur die Elite besaß aus Metall gefertigte. Die Helme waren mit Stierhörnern, Eberköpfen oder Vögeln versehen. Die Kelten zogen ansonsten nackt in den Krieg, nur mit Halsring und Armreifen ausgestattet. So berichten es jedenfalls antike Schriften, auch Darstellungen in der bildenden Kunst bestätigen dies.

Die berittenen Krieger der Kelten wurden jeweils von zwei Dienern in den Kampf begleitet. Pausanias beschreibt dies am Beispiel der Galater so: »(...) zu jedem Reiter kamen zwei Diener, die ebenfalls reiten konnten und gleichfalls Pferde hatten. Wenn es bei den Galatern zur Reiterschlacht kam, blieben die Diener zwar hinter den Kampfreihen, doch waren sie ihnen folgendermaßen nützlich: Wenn es den Reiter traf, dass sein Pferd fiel, boten sie für den Mann ein Pferd zum Besteigen; wurde jedoch der Mann getötet, bestieg der Sklave statt seines Herrn das Pferd. Wenn

Fürsten, Könige und Krieger: Die Gesellschaft 91

aber Mann und Pferd das Schicksal ereilte, stand ein weiterer Reiter bereit. Wenn jedoch einer verwundet wurde, führe der eine Sklave den Verwundeten in das Lager, während der andere den Platz des Abgezogenen einnahm. (...) Diese Einrichtung heißt Trimarkisia, da bei den Kelten das Pferd den Namen Marka trägt.« (X, 19, 9-12) Das Pferd wurde aber nicht nur zum Reiten – wie bei den Germanen –, sondern auch als Zugtier für zweirädrige Streitwagen eingesetzt. Der Wagen wurde von zwei Pferden gezogen, auf ihm befanden sich ein Krieger und ein Wagenlenker. Wenn die Kelten mit ihren Streitwagen in das Heer des Feindes gefahren waren und Verwirrung gestiftet hatten, sprang der Krieger vom Wagen und kämpfte zu Fuß weiter, während der Wagenlenker den Wagen zur Seite fuhr und so für den Fall des Rückzugs bereitstand.

Sowohl in der antiken als auch in der mittelalterlichen Literatur Irlands werden typische Kriegssitten der Kelten betont. Diodor von Sizilien beschreibt die Herausforderung des Gegners zum Zweikampf durch Beschimpfung: »Wenn eine Schlacht geliefert werden soll, treten gewöhnlich Einzelne aus den Reihen vor und fordern die Tapfersten unter den Feinden zum Zweikampf heraus, wobei sie ihre Waffen schwingen, um die Gegner im voraus zu schrecken. Nimmt einer die Herausforderung an, so preisen sie die Heldentaten ihrer Vorfahren und erzählen Beweise ihrer eigenen Tapferkeit und schelten den Gegner aus und suchen ihn durch die Verachtung, womit sie von ihm sprechen, alles Selbstvertrauen ihm im voraus zu nehmen.« (V, 29) Diodor erwähnt ferner die Sitte, dass die Kelten ihren besiegten Feinden die Köpfe abschlugen: »Die Köpfe der gefallenen Feinde hauen sie ab und binden sie ihren Pferden an den Hals; die blutige Rüstung geben sie ihren Dienern und las-

Das Gemälde »Kampf der Gallier und Römer« von Evariste-Vital Luminais (1822-1896) zeigt eine Schlachtszene zwischen Kelten und Römern.

Keltische Kultur

sen sie unter Jubelgeschrei und Siegesliedern zur Schau tragen.« (V, 29) Die Schädel wurden dann als Trophäen zu Hause aufbewahrt: als Beweis der eigenen Tapferkeit und als Symbol der Macht und Kraft des Feindes, die man damit besaß.

Häufig waren Kelten als Söldner in verschiedenen Ländern tätig. Meist handelte es sich um Fußsoldaten in geschlossenen Verbänden. Erstmals wird von Dionysios I. von Syrakus berichtet, dass er Kelten als Söldner in seine Dienste nahm: Er warb sie 369/368 v.Chr. an, um die griechische Stadt Sparta im Kampf zu unterstützen. Auch für seine Nachfolger Dionysios II. und Agathokles, für Antigonos Gonatas (einem Nachfolger Alexanders des Großen) und für Ptolemaios II. von Ägypten kämpften keltische Söldner. Gegen Ptolemaios II. revoltierten sie allerdings, um mehr Lohn zu erhalten. Zur Strafe wurden sie auf eine Insel im Nil deportiert, wo sie umkamen. In Kleinasien waren, wie erwähnt, die Galater als Söldner tätig, in Jerusalem dienten sie als Leibwächter für Herodes den Großen. Im Ersten Punischen Krieg (264–241 v.Chr.) kämpften Kelten im Heer der Karthager und stellten später unter Hannibal im Zweiten Punischen Krieg (218–201 v.Chr.) einen großen Teil seines Heeres gegen Italien. Als keltische Söldner wurden auch die Gaesaten bekannt, zum Beispiel in der Schlacht von Telamon 225 v.Chr. Es ist unklar, ob die Gaesaten ursprünglich einen eigenen keltischen Stamm bildeten, wie Strabon behauptet, oder einen Kriegerbund. Nach dem 1. Jahrhundert v.Chr. wurden die Berufskrieger oder die keltischen Hilfstruppen der Römer generell als »Gaesaten« bezeichnet.

Keltische Schwerter waren eine Markenware und Exportschlager. Diese Funde von Schwertern und Schwertscheiden stammen aus den Flüssen Doubs und Saône (Frankreich).

Fürsten, Könige und Krieger: Die Gesellschaft

Glaubt man den antiken Autoren, spielten Gastmähler und Gelage eine wichtige Rolle in der keltischen Gesellschaft. Dafür sprechen auch die zahlreichen Funde von Trinkgeschirren in den Fürstengräbern. Die gesellschaftliche Elite – so Strabon – veranstaltete öffentliche Gastmähler, die mehrere Tage dauerten. Athenaois erwähnt sogar einen Galater, der seine Gäste ein ganzes Jahr lang bewirtete. Was getrunken wurde, beschreibt Poseidonios (zitiert bei Athenaios) genau: »Das Getränk bei den Reichen ist Wein, der aus Italien oder aus dem Gebiet von Massalia kommt. Dieser Wein wird unvermischt getrunken, manchmal wird ein wenig Wasser beigemischt. Bei den weniger Reichen trinkt man Weizenbier, das mit Honig zubereitet ist; beim Volk wird das Bier pur getrunken. (...) Sie schlürfen zusammen aus demselben Gefäß, aber das tun sie öfters.« (IV, 36) Gerne betonen die antiken Autoren immer wieder die Trunksucht der Kelten. Man trinke in Gallien viel, arbeite aber auch viel – so Ammianus Marcellinus.

Die Kelten saßen während des Mahls auf Felldecken auf dem Boden oder auf Bänken im Unterschied zu den beim Essen liegenden Römern. Diodor dazu: »Sie speisen alle sitzend, aber nicht auf Stühlen, sondern auf dem Boden, wobei sie Wolfs- oder Hundefelle benutzen. Die Aufwärter bei Tische sind Knaben und Mädchen, die eben aus den Kinderjahren treten. Neben dem Tisch stehen die Herde, wo ein starkes Feuer brennt zwischen Kesseln und Bratspießen, die mit großen Stücken Fleisch vollgesteckt sind (...). Sie laden auch Fremde zu ihren Gastmählern, und nach dem Essen fragen sie, wer sie seien und was ihr Begehr sei.« (V, 28) Poseidonios (zitiert bei Athenaois) berichtet zudem von Kämpfen der Kelten bei ihren Gastmählern: »Die Kelten veranstalten manchmal auf ihren Gastmählern Einzelkämpfe. Sie versammeln sich in ihrer Rüstung, führen Lufthiebe aus oder kämpfen miteinander auf Distanz, zuweilen gehen sie aber auch so weit, sich

Keltische Kultur

zu verwunden, und dann dadurch in Wut geraten (...) kämpfen sie bis zum Tode eines Gegners. In alter Zeit, wenn ganze Fleischbrocken auf den Tisch kamen, nahm der Stärkste das Schenkelstück für sich. Wenn ein anderer Mann Anspruch darauf erhob, kämpften sie miteinander bis auf den Tod.« (IV, 40)

Für Unterhaltung bei den Gastmählern sorgten vor allem die Barden (ein aus dem Französischen übernommenes keltisches Wort): Dichter und Sänger, die ihre Heldengesänge meist in Begleitung einer Harfe vortrugen. Vor allem in Irland galt die Harfe als wichtigstes Musikinstrument.

Selbst wenn die Kelten den Römern und Griechen als Barbaren galten, hinsichtlich der Körperpflege bezeugen die antiken Autoren und auch Funde von zum Beispiel Nagel- und Schermessern, dass dieses Vorurteil nicht zutrifft. Ihnen waren Bäder und Mundpflege vertraut.

Die Steinfigur eines Barden mit Leier aus dem 2. Jahrhundert v.Chr. zeigt, dass diese in der keltischen Gesellschaft bereits früh eine besondere Rolle spielten.

Mutig und kriegerisch – keltische Frauen

»Die Frauen sind bei den Galliern den Männern gleich, nicht bloß an Größe, sondern auch in der Stärke nehmen sie es mit ihnen auf.« (V, 32) So äußerte sich Diodor über die keltischen Frauen. Dieses Bild der Keltinnen als große, starke, eigenwillige und mutige beziehungsweise kriegerische Frauen ist weitverbreitet. Nicht zuletzt aus Sensationslust stellten die antiken Autoren die Keltinnen als schlagkräftige Frauen dar, die ihre Männer – wenn nötig – verprügelten, die sich in Politik einmischten und für Beleidigungen Rache forderten. Aber eine allgemeine Beschreibung »der« keltischen Frau ist nicht möglich. Denn ihre Stellung in der keltischen Gesellschaft unterlag nicht nur einem zeitlich bedingten Wandel, sondern auch regionalen Unterschieden.

In vorrömischer Zeit lassen die Fürstinnengräber (z.B. Waldalgesheim, Vix, Reinheim) auf einen hohen sozialen Status der dort bestatteten Frauen schließen,

kriegerisch – keltische Frauen

Auch Frauen konnten in der Hallstattzeit eine hochrangige Stellung einnehmen: Das zeigt das Grab der Fürstin von Vix, die auf einem Prunkwagen, dessen Räder an die Wand gelehnt worden waren, liegend bestattet wurde (Rekonstruktionszeichnung).

ver�
bes�
kö� �rchaus
ur� � oder
P� �andelt
h� �nt ist die
F� �Frauen die
h� �ufgrund
il� �ung oder
i� �esaßen. Fer-
r� �die Frage,
c� �oher sozialer
F� �so wie bei den
N� �usgewirkt hat,
a� �e Rechte bezie-
h� �se Privilegien sie dadurch hatten.

In der späteren römischen Zeit nach der Zeitenwende geben zwar schriftliche Quellen über keltische Frauen Auskunft, sie sind jedoch kritisch zu bewerten. So zum Beispiel, wenn Ammianus Marcellinus berichtet, dass in Gallien die Frauen nicht selten ihre Männer verprügelten: »Wenn ein Gallier Streit anfängt und seine Frau ihm zu Hilfe kommt, die bedeutend stärker als er und grauäugig ist, wird es keine Schar von Fremden mit ihm aufnehmen, besonders dann, wenn sie mit geschwollenem Nacken und zähneknirschend die schneeweißen Arme schwingt und anfängt, Faustschläge abwechselnd mit Fußtritten auszuteilen, wie Wurfgeschosse, die von gedrehten Bogensehnen geschleudert werden. Furchtbar und drohend sind die Stimmen der meisten, ob sie friedlich sind oder erzürnt, aber sie sind alle gleich gepflegt und sauber (...).« (XV, 12, 1) Ähnlich äußert sich Diodor von Sizilien, dass sich keltische Frauen tatkräftig an Auseinandersetzungen beteiligten. Nach Plutarch traten keltische Frauen als Schlichter in Streitfällen auf. Ob diese Angaben allerdings richtig sind und ob nur Einzelfälle erwähnt werden, ist nicht nachprüfbar. Tacitus berichtet

Keltische Kultur

Die Skulptur »Der Gallier und seine Frau« zeigt, wie ein keltischer Krieger angesichts der Niederlage seine Frau bereits getötet hat und im Begriff ist, sich selbst zu erdolchen. Römische Marmorkopie einer Bronzestatue aus dem Athena-Heiligtum in Pergamon um 230 v.Chr., Themenmuseum Rom

von keltischen Fürstinnen und Königinnen, die ihren Vätern oder Ehemännern auf dem Thron gefolgt waren. In seinen »Annalen« beschreibt er auch die Fürstin Boudicca, Herrscherin des Stammes der Ikener in Britannien: »Boudicca, ihre Töchter auf dem Wagen vor sich, fuhr von Stamm zu Stamm (...)«, um mit einer Rede zum Kampf gegen die Römer aufzurufen (XIV, 15). Und so wie Tacitus Boudicca beschreibt, wurde sie später gerne als Denkmal dargestellt. Auch Cassius Dio geht auf sie ein: »Sie selbst (die Fürstin Boudicca) war hochgewachsen, gar furchterweckend in ihrer Erscheinung, und ihr Auge blitzte. Dazu besaß sie eine raue Stimme. Dichtes, hellblondes Haar fiel ihr herab bis zu den Hüften, den Nacken umschlang eine große, goldene Kette, und der Leibrock, den sie trug, war buntfarbig und von einem dicken Mantel bedeckt, der von einer Fibel zusammengehalten wurde. Damals nun ergriff sie eine Lanze, um auf diese Weise ihre sämtlichen Zuhörer in Schrecken zu versetzen und hielt folgende Ansprache (...).« (62, 2) Der Vater von Boudicca hatte sowohl dem römischen Kaiser als auch seinen beiden Töchtern sein Erbe vermacht. Doch Rom wollte es nicht mit den Töchtern teilen. Es kam zur Misshandlung von Boudicca, der Vergewaltigung ihrer Töchter und der Vertreibung der Ikener aus ihrem Land. Das hatte ihren Aufstand und den verbündeter Stämme im Jahre 60 n.Chr. zur Folge. Ob Boudicca ihre Oberbefehlshaberin war, ob sie als Kriegerin mit in den Kampf zog oder ob sie die Krieger »nur« mit einer bewegenden Rede anfeuerte (wie Cassius Dio es beschreibt), ist nicht klar. Bei diesem Aufstand konnten die Kelten jedenfalls die drei Städte Colcheste, St. Albans und London erobern, ehe der römische Stadthalter Suetonius Paulinus sie besiegte. Boudicca überlebte die Niederlage nicht lange, ihre genaue Todesursache ist unklar. Nach Tacitus vergiftete

Mutig und kriegerisch – keltische Frauen

sie sich selbst, nach Cassius Dio starb sie an einer Krankheit. Ab dem 19. Jahrhundert erlebte die Gestalt der Boudicca als eine Art Freiheitskämpferin eine Renaissance, die sich vor allem in der Literatur (in Theaterstücken und Balladen), aber auch in monumentalen Skulpturen niederschlug.

Tacitus berichtet ferner von einer anderen bekannten keltischen Fürstin: Cartimandua, Herrscherin über den Stamm der Briganten im Norden Englands im 1. Jahrhundert n.Chr. Sie stand aufseiten Roms, und zwar gegen den Willen ihres Mannes Venutius. Im Jahre 69 n.Chr. kam es zum Kampf zwischen den Ehepartnern, Cartimandua rief die Römer zu Hilfe. So konnte sie sich zwar retten, aber Venutius gewann den Thron.

Fürstin Boudicca mit ihren beiden Töchtern. Marmorskulptur im Rathaus von Cardiff, 19. Jahrhundert

Außerdem berichten Livius und Tacitus von der Galaterin Chiomara, die 189 v.Chr. im Zuge kriegerischer Auseinandersetzungen von einem Römer gefangen genommen und vergewaltigt wurde. Er forderte für ihre Freigabe Lösegeld, sie organisierte dessen Übergabe und ließ ihn bei dieser Gelegenheit von Vertretern ihres Stammes umbringen.

Es ist sehr unwahrscheinlich, dass keltische Frauen direkt an Kriegen teilnahmen. Plutarch erzählt zwar von kämpfenden Helvetierinnen, aber hierbei ging es wohl um einen Kampf ums nackte Überleben. Eine besondere Stellung der keltischen Frau oder gar ein Matriarchat bei den Kelten ist eine Erfindung des 19. Jahrhunderts, in dem mythische Erzählungen über weibliche Figuren als Schilderungen der Wirklichkeit interpretiert wurden.

Es ist generell davon auszugehen, dass die keltische Gesellschaft ähnlich patriarchalisch organisiert war wie die römische und Frauen wohl keine herausragende oder sogar dominierende Rolle spielten. So schreibt Caesar: »Die Männer haben gegen die Frauen wie

Keltische Kultur

Der Ruf keltischer Frauen wirkt bis in die moderne Kunst der Gegenwart nach: Die Matronenfiguren der Künstlerin Marianne Pitzen im Frauenmuseum Bonn sind aus Pappmaschee gestaltet. Sie stehen im Zentrum ihres künstlerischen Schaffens.

gegen die Kinder Gewalt über Leben und Tod.« (VI, 19) Auch in den mittelalterlichen Aufzeichnungen des irischen und walisischen Rechts steht, dass die Frau zuerst dem Vater und dann dem Ehemann rechtlich und politisch untergeordnet war. Sie konnte nicht als Zeugin vor Gericht aussagen, keine Verträge abschließen oder ihren Besitz vererben. Dass die keltische Frau eine besonders herausragende Stellung eingenommen oder es sogar ein Matriarchat bei den Kelten gegeben haben soll, sind Erfindungen des 19. Jahrhunderts, in dem entsprechende mythische Erzählungen (z.B. von Macha, Medb oder Rhiannon) als historische Wirklichkeit interpretiert wurden. Trotzdem hat sich diese Vorstellung bis heute erhalten, zum Beispiel in den Romanen von Marion Zimmer Bradley oder in der künstlerischen Nachgestaltung der Matronen, keltischer Muttergottheiten, im Werk von Marianne Pitzen.

Poseidonios berichtet von einer gallischen Insel in der Loiremündung, auf der nur Frauen lebten, die von Dionysos (dem Gott des Weins, in dessen Kult Rausch und Raserei eine wichtige Rolle spielten) besessen seien. Männer dürften die Insel nicht betreten, aber die Frauen der Insel kämen auf das Festland, um sich dort mit ihnen zu treffen. Das Dach des Tempels auf der Insel würde ein Mal im Jahr von den Frauen neu gedeckt. Wenn dabei eine von ihnen etwas fallen lasse, würde sie von den anderen Frauen in Stücke gerissen. Es gibt noch einen anderen antiken Bericht über eine Insel in Gallien, auf der heilige Jungfrauen lebten, die in die Zukunft sehen und sich in Tiere verwandeln könnten. Vermutlich dienten solche Erzählungen als Vorlage für die Idee der Insel Avalon in den Arthuserzählungen.

Eisen, Ackerbau und Viehzucht: Die Wirtschaft

Die Basis keltischer Wirtschaft waren Ackerbau und Viehzucht, der Abbau und die Verarbeitung von Eisen und die Gewinnung von Salz, ferner Handel und Handwerk. Hinsichtlich ihrer Wirtschaft und Technik, vor allem in der Metallverarbeitung, sind die Kelten durchaus mit antiken Kulturen gleichzustellen.

Innenraum eines rekonstruierten Bauernhauses im Keltendorf bei Bundenbach. Das Dach bestand aus Balken, die miteinander verbunden und mit Stroh gedeckt wurden.

Die Mehrheit der keltischen Bevölkerung lebte als Viehzüchter und Ackerbauern. Rinder und Schweine, die wesentlich kleiner als die heutigen Rassen waren, wurden als Haustiere gehalten. Rinder dienten in erster Linie als Zugtiere auf dem Feld und zum Transport von Lasten. Außerdem waren sie Lieferant von Fleisch, Milch, Butter und Leder. Schweine wurden – da es die Kartoffel als Futtermittel in Europa noch nicht gab – in der Nähe von Eichen- und Buchenwäldern geweidet. Das Schwein taucht auch häufig als Symbol in der keltischen Kunst auf, dessen Bedeutung heute nicht mehr bekannt ist. Ziege und Schafe waren für die Gewinnung von Wolle, weniger wegen des Fleisches von Bedeutung. Auch Hunde hielt man als Haustiere, zur Bewachung, zum Hüten der Herden oder zur Jagd. Das aus Indien stammende Haushuhn war zu Beginn der Keltenzeit (Hallstattzeit) eine exotische Neuheit, das zuerst wohl eher als Ziergeflügel wegen seines exotischen Aussehens und als Hobby gehalten wurde.

Keltische Kultur

Ein kuppelförmiger Herd wie hier im Keltendorf bei Bundenbach diente der Zubereitung von Speisen. Die Öffnung diente gleichzeitig zum Befeuern, zur Befüllung mit Speisen und als Rauchabzug.

Grundnahrungsmittel der Kelten waren Getreidesorten wie Gerste, Weizen, Roggen, Hafer, Emmer und Dinkel, aber auch Hülsenfrüchte wie Erbsen, Linsen, Feldbohnen. Sie betrieben eine Koppelwirtschaft, das heißt: Eine Landfläche wurde im Wechsel mehrere Jahre lang für den Getreideanbau und dann als Weide genutzt, um dem Boden so die Möglichkeit zur Regeneration zu geben. Die keltischen Bauern kannten sowohl natürlichen Dünger als auch künstlichen in Form von Kalk und Mergel (eine Mischung aus Ton und Kalk). Neben dem Ölbaum (Oliven) lernten die Kelten Mitteleuropas den Weinanbau erst durch die Römer kennen.

Das Fundament keltischer Wirtschaft war die Metallindustrie. Die Kelten waren Meister in der Metallverarbeitung. Frühe Kenntnisse der Eisenverarbeitung stammten aus Anatolien und gelangten über Handelsbeziehungen zwischen den Mittelmeerländern und Kleinasien über den Balkan nach Europa. Gegenstände aus Eisen sind hier erstmals für die Urnenfelderkultur des 10. und 9. Jahrhunderts v. Chr. nachweisbar, aber erst in der späten Hallstattkultur erlangten sie eine so große wirtschaftliche Bedeutung, dass sie einer Epoche seinen Namen gaben: der Eisenzeit. Ab dem 7. Jahrhundert n. Chr. kann man sogar von einem Eisenboom in Mitteleuropa sprechen. Die Kelten waren bereits in der Antike in den Mittelmeergebieten für ihr Schmiedehandwerk bekannt. Die Bedeutung des Eisens zeigt sich allein schon an der Vielfalt der Geräte, die aus Eisen hergestellt wurden: Waffen, Werkzeuge, Küchengeräte, Geräte für die Landwirtschaft sowie

Eisen, Ackerbau und Viehzucht: Die Wirtschaft

Zange, Sense, Sichel – diese Werkzeuge aus Eisen waren bereits in dieser Form bei den Kelten in Gebrauch.

Kleidungs- und Schmuckstücke. Vor allem Werkzeuge und Landwirtschaftsgeräte wie Äxte, Sägen, Schaufeln, Sensen oder Pflugscharen besaßen bereits eine Form, wie sie bis zu Beginn der Industrialisierung im 19. Jahrhundert ohne große Veränderung im Gebrauch war. Gehandelt wurde das Eisen in Form von Barren.

Nicht selten entstanden größere Siedlungen an Orten von umfangreichen Eisenerzvorkommen. Eisen muss – im Unterschied zur Bronze – im Feuer geschmiedet werden, bevor es als Stahl entsprechend hart wird. Nicht nur der Abbau, sondern auch die Verarbeitung von Eisenerz war aufwendig. Es musste »verhüttet« werden: In Schachtöfen wurde bei hohen Temperaturen der Eisenschwamm, das eigentliche Eisen, vom Abfallprodukt der Eisenschlacke getrennt. Die Schachtöfen bestanden aus Lehm, waren rund 1 Meter hoch und besaßen die Form eines Schachtes oder einer Kuppel. Der Vorgang der Verhüttung musste mehrmals wiederholt werden, um die Eisenschlacke völlig zu entfernen. Man kann bei den Kelten der Antike schon von einer frühen Form der Industrialisierung sprechen.

Schmied bei der Herstellung eines Schwertes: Das Eisen musste im Feuer geschmiedet werden. Keltische Schwerter waren ein Exportschlager. Modell in der rekonstruierten Oppidumanlage von Dünsberg.

Keltische Kultur

Exportschlager der Eisenproduktion in Gallien waren vor allem die Schwerter, die qualitativ besser waren als die aus Italien. Daher wurde auch das keltische Wort für Schwert ins Lateinische (»gladius«) übernommen.

Zinn war ebenfalls ein begehrtes Produkt, das man aus keltisch besiedelten Ländern in die Mittelmeerregion exportierte. Vor allem Britannien war schon früh für seine Zinnvorkommen bekannt.

Von einem hohen Goldvorkommen auf der Iberischen Halbinsel, in Südgallien und im Alpenraum berichten die antiken Autoren. Vor allem aus Flüssen gewannen die Kelten Gold, aber sie bauten es auch in Minen ab und stellten Schmuck und Münzen daraus her. Hämmern und Treiben waren vor allem die Techniken der Goldverarbeitung, daneben kannte man außerdem Gießen, Schweißen oder Granulieren. Die gefundenen Gegenstände aus Gold, die von Kelten hergestellt wurden, sind Grabbeigaben oder Opfergaben.

Eine weitere Säule der keltischen Wirtschaft war Salz. Mit Beginn des ersten Jahrtausends v. Chr. war es ein bedeutendes, ja lebensnotwendiges und daher begehrtes Handelsgut, das großen Reichtum einbrachte. Salz diente vor allem zur Konservierung von Fleisch und Fisch, wurde aber auch für das Gerben von Fellen und Häuten verwendet. Hallstatt – namengebend für die Hallstattkultur – und der Dürrnberg bei Hallein (beide in Österreich) waren die wichtigsten Zentren der keltischen Salzgewinnung und zugleich Handelszentren mit entsprechend großen Siedlungen. Die Namen Hallstatt und Hallein gehen etymologisch auf ein Wort für »Salz« zurück, und Hallstatt bedeutet so viel wie »Salzstadt«.

Salz wurde in Salinen unter Tage abgebaut, indem es aus dem Felsgestein herausgeschlagen und dann abtransportiert werden musste. In Hallstatt existierten schon ab der Bronzezeit bis zu 215 Meter tiefe Salinen, deren Gesamtlänge 5500 Meter betrug. Eine Reihe von hier gefundenen Gegenständen, die sich im Salz

Eisen, Ackerbau und Viehzucht: Die Wirtschaft

bestens erhalten haben, geben Auskunft über die Art und Weise der Salzgewinnung, so Kleidung und Werkzeuge wie zum Beispiel Pickel, Holzschaufeln, Fackeln oder Kienspanfackeln. Eine Kippe mit Lederrucksack, die zum Transport der Salzbrocken diente, gehört ebenfalls zu den Hallstätter Funden. Sogar ein durch Salz gut konservierter Leichnam eines keltischen Bergmannes, der wahrscheinlich bei einem Unfall im Stollen ums Leben gekommen war, war hier 1734 entdeckt, aber sogleich bestattet worden. Aufgrund seines ungewöhnlich guten Erhaltungszustandes hatte man damals nicht erkannt, wie alt der Leichnam tatsächlich war und welchen Wert er für die Forschung haben würde. In der La-Tène-Zeit – 200 Jahre später – wurde Hallstatt abgelöst von dem Dürrnberg als neuem Zentrum des Salzabbaus. Hier reichten die Salinen ebenfalls bis zu 200 Meter in die Tiefe und waren bis zu 450 Meter lang. 1573 und 1616 wurden in einem Stollen die gut erhaltenen Leichname von sogar zwei Bergmännern entdeckt. Beide Leichname waren bis zu ihrer Verwesung (bei einem Leichnam soll sie erst nach einigen Jahren stattgefunden haben) ausgestellt und dann beerdigt worden. Die Größe der Stollen weist auf das beinahe industrielle Ausmaß des Salzabbaus in der La-Tène-Zeit hin. Es werden entsprechend viel Holz und Werkzeuge für den Abbau, die Versorgung der Bergmänner und den Transport der Salzblöcke erforderlich gewesen sein.

Aufgrund archäologischer Funde sind zwar Anlagen wie Fürstensitze und Oppida bekannt, doch sie sind nicht typisch für die Siedlungs- und Lebensweise der einfachen keltischen Bevölkerung. Diese lebte als Ackerbauern und Viehzüchter in Dörfern oder Einzelgehöften nahe den Feldern. Ein

Gegenstände der Ausrüstung aus dem Salzbergbau in Hallstatt: Rucksack, Schaufel, Spitzhacke, Kienspanfackel und Mütze.

Der Handel

Ein intensiver Fernhandel der Kelten in Mitteleuropa bestand zu den Mittelmeerländern wie Italien und Griechenland, weniger mit Nordeuropa. Die Kelten lieferten Gegenstände aus Eisen, Salz, Gold, Bergkristall, Fleisch, Mäntel, Tierfelle, Frauenkleidung und Kissen, aber auch Sklaven. Aus Britannien (Cornwall) erhielten die Römer Zinn, das per Schiff über den Atlantik und das Mittelmeer oder quer durch Gallien über die Flüsse Seine und Rhône transportiert wurde. Aus dem Norden bezogen die Kelten Bernstein, aus Italien und Griechenland Keramik- und Bronzegefäße, meist Trinkgeschirr, aber auch Wein, der in großen Amphoren transportiert wurde, und Rohstoffe wie zum Beispiel Korallen zur Schmuckherstellung. Einige Funde in keltischen Gräbern haben ihren Ursprung im fernen Osten, zum Beispiel in China. So hat man im Hügelgrab bei der Heuneburg sogar chinesische Rohseide oder auf der Achalm bei Reutlingen Weihrauch gefunden. Ein wichtiger Knotenpunkt des Handels zwischen den Kelten und den Mittelmeerländern war Massalia (Marseille).

Schon vor den Kelten bestanden Handelsbeziehungen zwischen Mitteleuropa und Griechenland. Die Funde in den Fürstensitzen und -gräbern der Hallstattzeit aus dem 6. und 5. Jahrhundert v.Chr. belegen ferner intensive Handelsbeziehungen der Kelten mit den griechischen Kolonien in Südfrankreich, mit den Etruskern in Mittel- und Oberitalien und den Venetern an der nördlichen Adriaküste.

Der Warentransport erfolgte in erster Linie auf dem Wasserweg. Caesar beschreibt die keltischen Hochseeschiffe so: »Der Kiel ist ein wenig flacher als bei unseren Schiffen, um besser die Untiefen und das Zurückgehen der Flut aufzufangen; das Vorder- und Achterdeck ist sehr hoch aufgerichtet, den Gewalten der Fluten und Stürme angepasst. Die Schiffe sind ganz aus Eichenholz gebaut, um jeden Ansturm und jeden Stoß auszuhalten. Die Querbalken, aus fußdicken Stämmen gefertigt, werden durch daumendicke eiserne Nägel zusammengehalten. Die Anker sind statt an Tauen an eisernen Ketten befestigt. Anstelle von Segeln

Keltischer Schmuck wurde aus Glasperlen und Eisen aus eigener Produktion hergestellt. Es wurden aber auch Bernstein aus dem Norden und Korallenstücke aus den Mittelmeerländern verarbeitet.

benutzte man Felle und Stücke dünn gegerbten Leders, entweder aus Mangel an Leinwand und aus Unkenntnis ihrer Verwendung oder aus dem wahrscheinlicheren Grund, dass man damit starken Winden und Stürmen besser standhalten kann.« (VI, 16, 1) Caesar berichtet außerdem, dass die Römer gegen diese robust ausgestatteten Schiffe bei ihren Angriffen zunächst machtlos waren, sogar mit dem Rammsporn am Bug, der ansonsten zuverlässig für die Manövrierunfähigkeit oder das Versenken des gegnerischen Schiffes sorgte. Erst als die Römer die Ledersegel der keltischen Schiffe zerschneiden konnten, waren sie erfolgreich. Für den Transport auf Flüssen verwendeten die Kelten Kähne mit einem flachen Boden, die bis zu 10 Meter oder länger waren oder Boote mit Segel und Rudern (wie es der Fund eines Schiffsmodells auf dem Dürrnberg zeigt). Für kleine Fahrten, um Personen oder Handelsgüter in geringem Umfang zu befördern, diente das Einbaumboot. Für den Transport auf dem Landweg wurden Pferdewagen verwendet, ähnlich der Wagen, die man in den Fürstengräbern gefunden hat.

Mit Beginn des 3. Jahrhunderts v.Chr. lässt sich für die Kelten die Verwendung von Münzen nachweisen. Sie waren zwar nach griechischem und römischem Vorbild gefertigt, erfuhren jedoch eine Um-

Beispiel einer keltischen Goldmünze, die den Gallierfürsten Vercingetorix als Apollo zeigt.

gestaltung, vor allem durch die Darstellung unterschiedlicher Bildmotive wie abstrakte Ornamente, Kugeln, Vogelköpfe oder Torques. Die Münzen waren auch in Hinblick auf das Material (Bronze, Silber, Gold) und die Größe sehr verschieden. Der Zahlungsverkehr war auf einzelne Regionen beschränkt. Eine konkrete Zuordnung der Münzen zu bestimmten Stämmen ist schwierig. Eine Reihe von ihnen besaß wohl eine religiöse Bedeutung. Vor allem die sogenannten Regenbogenschüsselchen geben bis heute Anlass zur Spekulation. Bei ihnen handelt es sich um schüsselförmige Goldmünzen, die man vor allem in Süddeutschland und Böhmen entdeckt hat. Auf ihnen sind Ornamente oder bildhafte Darstellungen wie zum Beispiel Vogelköpfe zu sehen. Nach dem Volksglauben in Süddeutschland hinterließ ein Regenbogen dort, wo er die Erde berührte, als Spuren diese Regenbogenschüsselchen.

Keltische Kultur

Das Kettenhemd war wie das Schwert ein Exportschlager der Kelten. Seine Herstellung erforderte viel Zeit und Geduld. Rekonstruktion im Keltendorf bei Bundenbach.

Bereits in der La-Tène-Zeit verwendeten die Kelten Webtechniken, die bis ins 20. Jahrhundert hinein üblich waren.

Das Handwerk

Über das Handwerk der Kelten besitzen wir keine ausreichenden Kentnisse. Sie basieren auf den archäologischen Funden. Die meisten von ihnen bestehen aus Metall, weil das Metallhandwerk bei den Kelten von großer Bedeutung war und weil aufgrund der Haltbarkeit des Materials mehr Gegenstände aus Metall erhalten sind als aus Holz oder Textilien. Die Verarbeitung von Holz war ebenfalls wichtig, zum Beispiel für den Bau von Häusern, Festungen, Wagen, Booten, Schiffen bis hin zu kleineren Utensilien und Geräten wie Holznägel oder -schüsseln. Schon in der späten Hallstattzeit war die Dreh- und Drechselbank bekannt.

Ein begehrter Artikel des keltischen Eisenhandwerks waren neben den Schwertern die Kettenhemden. Von ihnen sind nur kleine Teile, keine vollständigen Stücke, erhalten. Sie bestanden aus kleinen Ringen, die ungefähr bis ins 1. Jahrhundert v.Chr. nur zugebogen wurden – erst später wurden sie auch vernietet. Die Herstellung eines Kettenhemdes nahm viel Zeit in Anspruch.

Ab dem 4. Jahrhundert v.Chr. entstanden die ersten keltischen Werkstätten der Glasmacher, die sich ausschließlich der Herstellung von Schmuck widmeten. Ferner dienten Gagat (versteinerte Kohle), Sapropelit (Gestein aus fossilen Ablagerungen) und das aus dem Norden importierte Bernstein zur Gestaltung von Schmuck.

Keramiken sind für Mitteleuropa ab dem 5. Jahrtausend v.Chr. nachweisbar. Die Herstellung erfolgte zunächst per Hand, ohne Töpferscheibe. In der Hallstattzeit kannte man dann zunächst die – aus den Mittelmeergebieten übernommene – langsam drehende Töpferscheibe. In der La-Tène-Zeit wurde die bis heute übliche schnell drehende Töpferscheibe benutzt, die eine Produktion in größerem Umfang ermöglichte.

Textilien wurden durch Spinnen und Weben verarbeitet. Ab der Bronzezeit war der Webstuhl mit Gewichten in Gebrauch – in manchen Teilen Europas noch bis ins 20. Jahrhundert hinein. Daher waren gängige Webarten wie Leinwandbindung und Köperbindung bekannt. Bekannt ist das Karomuster (Tartan) der Schottenröcke (Kilts), das sich bis ins 3. Jahrhundert v. Chr. zurückverfolgen lässt.

Bauernhof bestand aus Wohngebäude, Stall, Werkstatt und Speicher. Die Häuser wurden hauptsächlich aus Holz, nicht aus Stein erbaut. Dabei wurde zwischen Pfosten zunächst ein Flechtwerk als Wand errichtet und dann das Ganze mit Lehm bestrichen. Auch Blockhäuser, ganz aus Holz, waren üblich. Teilweise waren die Häuser in den Boden eingetieft, die Getreidespeicher waren auf Pfosten höher gesetzt, um die Ernte gegen Wasser, Ratten und Mäuse zu schützen. Innen waren die Häuser nicht durch einzelne Zimmer aufgeteilt, es gab einen großen Wohnraum, in dem sich der gesamte Alltag vom Kochen bis zum Schlafen abspielte. In seinem Mittelpunkt befand sich eine offene Feuerstelle. Sitz- und Schlafstellen waren mit Fellen, Decken und Kissen ausgestattet. Zur Aufbewahrung von Haushaltsgegenständen benutzte man Truhen.

Keltische Getreidespeicher wurden auf Pfosten errichtet, damit das Korn gegen Wasser oder Ratten geschützt war. Rekonstruktion im Keltendorf bei Bundenbach.

Menschenopfer, Schädelkult und viele Götter: Keltische Religion

»Die Gallier sind sämtlich in hohem Maße religiös«, stellt Caesar fest (VI, 16). Über die keltische Religion wissen wir nur wenig. Oft lassen sich auch hier nur Vermutungen anstellen. Diese Lücken in der Forschung regten die Fantasie der Anhänger der Keltenromantik und der Neukelten an, sodass bei ihnen scheinbar mehr Antworten zu finden sind als bei der Wissenschaft. Manche Phänomene der Kelten sind nur aufgrund archäologischer Funde, manche nur aufgrund von antiken Beschreibungen oder Inschriften bekannt. So liegen beispielsweise zu keltischen Druiden überhaupt keine archäologischen Zeugnisse vor, über sie geben nur die – nicht immer zuverlässigen – Schriften

Keltische Kultur

Weihesteine für verschiedene Gottheiten sind wichtige Zeugnisse keltischer Religion aufgrund ihrer Inschriften. Hier ein Weihestein für den Gott Lenus-Mars (im rekonstruierten Tempel auf dem Martberg an der Mosel).

antiker Autoren Auskunft. Ein anderes Beispiel sind die Viereckschanzen. Sie sind zwar aufgrund zahlreicher Funde archäologisch relativ gut belegt, doch es fehlen jegliche schriftliche Quellen. Auf beide Beispiele wird nachfolgend ausführlicher eingegangen.

Vor allem über die Religion in der Hallstattkultur und in der frühen La-Tène-Zeit ist wenig bekannt. Es lassen sich nur über erhaltene Grabbeigaben Rückschlüsse auf den Jenseitsglauben und den Totenkult ziehen. Die vielfältigen Beigaben der Fürstengräber – Gegenstände des diesseitigen Lebens, die man auch im Jenseits gebrauchen konnte – zeigen, dass an eine Existenz nach dem Tod geglaubt wurde und man sich diese dem irdischen Dasein durchaus ähnlich vorstellte. Allerdings lässt sich heute nicht mehr feststellen, welche Funktion die Grabbeigaben besaßen. Ein Beispiel für die symbolische Bedeutung sind die Goldfibeln an der Kleidung des Fürsten von Hochdorf: Aufgrund des hochwertigen Materials (Gold und nicht wie üblich Bronze) waren die Fibeln im Alltag nicht zu gebrauchen, sondern extra für die Bestattung angefertigt worden. Ein anderes Beispiel sind die in den Gräbern gefundenen Wagen, die zwar fahrtüchtig, aber so leicht gebaut waren, dass sie für einen Transport schwerer Sachen nicht geeignet waren. Nicht zuletzt spricht für die symbolische Bedeutung, dass nur ein Teil eines Gegenstandes anstelle des Ganzen dem Toten mitgegeben wurde, zum Beispiel eine verzierte Bronzescheibe statt des Pferdegeschirrs. Wichtige Grabbeigaben neben den alltäglichen Gebrauchsgegenständen waren Amulette, die Schaden abwehren und Glück garantieren sollten, wie zum Beispiel eine Halskette aus Bernstein, die dem Fürsten von Hochdorf mitgegeben worden war. Amulette dienten jedoch nicht nur zum Schutz der Toten, sondern auch dem der Lebenden. In vorrömischer

Menschenopfer, Schädelkult und viele Götter: Keltische Religion

Zeit kamen Amulette bei Kindern und jungen Frauen sehr häufig als Grabbeigaben vor, wohl weil diese vorzeitig gestorben waren und somit von ihnen eine Gefahr für die Lebenden ausging. Der Beigabe von Amuletten entsprechen auch Manipulationen am Leichnam. So fand sich auf einem Friedhof auf dem Dürrnberg bei Hallein zum einen das Skelett eines Mannes, dem man Kopf und Brust eingeschlagen hatte, zum anderen das Skelett eines Mannes mit entferntem Becken, das auf die Brust gelegt worden war.

Das Gemälde von Peter Connolly zeigt die Bestattung eines Adligen oder Fürsten um 300 v.Chr. in Wetwang Slack (Yorkshire, Großbritannien).

Die prunkvollen Fürstengräber der Hallstattkultur zeigen – ähnlich wie die Pyramiden als Grabbauten in Ägypten –, dass Tod und Jenseits eine wichtige Rolle in der Religion der Kelten spielte. Die Grabhügel weisen aber zugleich auf die besondere Bedeutung der dort Bestatteten und ihre Selbstdarstellung als Angehörige der gesellschaftlichen Oberschicht hin. Es gibt auffallend wenige Gräber von Kindern, obwohl es angesichts der damaligen höheren Kindersterblichkeit eine größere Zahl geben müsste. Anscheinend wurden Kinder nicht beigesetzt, da sie wahrscheinlich bis zu einem gewissen Alter nicht als vollwertige Menschen galten.

Die Grabanlagen befanden sich zwar in der Nähe von Wohnsiedlungen, waren aber durch einen Graben oder Steinkreis abgegrenzt, um den Bereich der Toten von dem der Lebenden zu trennen. Der Leichnam des Fürsten von Hochdorf wurde vermutlich erst konserviert und dann nach vier Wochen in dem Grabhügel bestattet. Dahinter steht wahrscheinlich die verbreitete Vorstellung, dass es eine Zeit lang dauert, ehe der Tote die Welt der Lebenden definitiv verlässt.

Die meisten keltischen Götter besaßen eine menschliche Gestalt, wie bildliche Darstellungen zeigen. Da schriftliche Zeugnisse der Kelten fehlen, kennen wir

Keltische Götter

In den Schriften antiker Autoren und in Inschriften vor allem aus gallorömischer Zeit kommen unter anderem folgende keltische Gottheiten vor:

Die Göttin Epona mit zwei Pferden. Marmorstele, 2. Jahrhundert n.Chr.

Andarta:	(= große Bärin) eine Göttin, über die kaum etwas bekannt ist.
Belenus:	vor allem in Oberitalien verehrter Gott, ansonsten ist kaum etwas über ihn bekannt, eventuell Sonnengott oder Heiler.
Borvo:	Gott, der an heißen Quellen verehrt wurde, seine Partnerin ist Damona.
Cernunnos:	(= der Gehörnte) trägt als Herr der Tiere ein Hirschgeweih, menschlich dargestellter Gott.
Epona:	Schutzgöttin der Pferde, meistens als Reiterin auf einem Pferd oder mit Pferden dargestellt.
Esus:	(= Herr) als bärtiger Mann dargestellter Gott, der einen Baum fällt.
Damona:	(= Kuh) wird als Partnerin verschiedener Götter erwähnt, vor allem des Gottes Borvo.
Grannus:	Gott, der Krankheiten heilt und mit Apollo gleichgesetzt wurde, seine Begleiterin ist Sirona.
Lenus:	Heilgott der Treverer.
Ogmios:	Gott, der sich durch Beredsamkeit auszeichnet, eventuell auch Gott der Unterwelt, mit Herakles gleichgesetzt und als alter Mann dargestellt.
Nantosuelta:	Schutzgöttin des häuslichen Herdes, dargestellt als Frau mit Zepter mit einem Haus, Partnerin des Gottes Sucellus.
Rosmerta:	Schutzgöttin, mit Opferschale und Füllhorn dargestellt, später als Begleiterin des (römischen) Gottes Merkur.
Sequana:	Göttin, die den (keltischen) Namen des Flusses Seine trägt. Ein Beispiel dafür, dass eine Reihe keltische Gottheiten den Namen von Flüssen oder Wäldern trugen. In Dijon befand sich ein bedeutendes Heiligtum der Sequana.
Sirona:	(= Stern) Begleiterin des Gottes Grannus, eventuell eine Heilgöttin, als Frau mit Traube und Ähre dargestellt.
Sucellus:	(= guter Schläger) als Gott der Unterwelt oder des Waldes gedeutet, dargestellt als bärtiger Mann mit Herrscherstab mit Schlägel und einem Topf, seine Partnerin ist Nantosuelta.
Taranis:	(= Donner) wahrscheinlich ein Gott des Himmels und des Donners, mit Jupiter gleichgesetzt.
Teutates:	(= Stammvater) kriegerischer Gott, dem Menschenopfer dargebracht wurden, mit Mars gleichgesetzt, eventuell auch Sammelbezeichnung für viele unterschiedliche Götter.

Menschenopfer, Schädelkult und viele Götter: Keltische Religion

Die Göttin Artio mit einem Bär. Bronzestatuette im Historischen Museum in Bern, um 200 n.Chr.

heute keine Mythen und Geschichten von und über ihre Gottheiten. Im Fall der griechischen und römischen Götter ist die Lage eine völlig andere, ihre Mythen sind bis heute präsent. Die gallische und britannische Bezeichnung für »Gott« ist »devo« beziehungsweise »divo« und »deva« für »Göttin« (abgeleitet von den indogermanischen Wörtern »deivos« und »deiva«). Sie kommt noch heute in vielen Orts- oder Personennamen (z.B. Dee als Flussname in Großbritannien) vor.

Zahlreiche keltische Gottheiten stehen in einem besonderen Verhältnis zu Tieren. Sowohl in vorrömischer als auch in römischer Zeit spielen Bär und Hirsch eine wichtige Rolle. So symbolisierte der Bär Stärke und mit der altirischen Bezeichnung »art« (kymrisch »arth«) für »Bär« wird auch im übertragenen Sinn der Krieger bezeichnet. Ebenso ist in den Namen der Göttinnen Andarta und Artio die keltische Bezeichnung für »Bär« enthalten.

Eine Reihe von keltischen Darstellungen zeigt Götter in menschlicher Gestalt mit einem Hirschgeweih als Symbol der Stärke oder der Fruchtbarkeit. Berühmt sind die mythologischen Reliefdarstellungen auf dem Kessel von Gundestrup (Dänisches Nationalmuseum,

Keltische Kultur

Cernunnos als Herr der Tiere ist die wohl bekannteste Darstellung einer keltischen Gottheit, Kessel von Gundestrup, 1. Jahrhundert v.Chr.

Kopenhagen). Es handelt sich um eine Silberschale mit fünf Platten innen und acht außen, deren Ursprung unbekannt ist. Sie stammt wohl aus dem 1. oder 2. Jahrhundert v.Chr. Das bekannteste Relief zeigt eine zwischen Tieren sitzende menschliche Gestalt mit Hirschgeweih, deren Beine untergeschlagenen sind. Der Torques am Hals, der Torques in der einen Hand und die Schlange mit Widderkopf in der anderen Hand weisen darauf hin, dass es sich um den keltischen Gott Cernunnos handelt. In der Nähe von Paris fand man ferner die Bronzeplastik eines Gottes, der zwar kein Geweih trägt, aber Hufe hat (Musée National de Moyen Ages, Paris). Und in Reims wurde ein Relief mit gehörntem Gott und einem Sack voller Münzen entdeckt, die ihn eventuell als Gott des Reichtums ausweisen (Musée Saint-Remi, Reims).

Auch das Schwein scheint eine besondere religiöse Bedeutung besessen zu haben. Eine Sandsteinstatue aus Euffigneix (Haute-Marne) aus dem 1. Jahrhundert zeigt einen unbekannten beziehungsweise namenlosen Gott mit einem Eber als Attribut (Musée des Antiquités Nationales, Saint-Germain-en-Laye). Eine Bronzefigur aus römischer Zeit, wahrscheinlich aus den Ardennen, zeigt die Göttin Arduinna, die mit der römischen Jagdgöttin Göttin Diana gleichgesetzt wurde und den Eber als Reittier nutzt (Historisches Museum, Bern). Übrigens bedeutet der Name des Gottes Moccus, der mit dem römischen Gott des Handels und der Kaufleute, Merkur, gleichgesetzt wurde, »Schwein«.

Menschenopfer, Schädelkult und viele Götter: Keltische Religion

Bereits aus der Hallstattzeit stammen Darstellungen des Rindes. Der Stier ist auch als Motiv mit drei Kranichen als Darstellung in der bildenden Kunst oder als Symbol einer Gottheit bekannt. So ist auf einem Relief aus Paris und auf einer Stele aus Trier (Rheinisches Landesmuseum Trier), beide aus gallorömischer Zeit, ein Stier mit drei Kranichen beziehungsweise drei Vögeln dargestellt, deren mythologische Bedeutung jedoch unbekannt ist. Die Namen der Göttin Damona und der Göttin Sirona könnten von der Bezeichnung für »Stier« abgeleitet sein und daher mit ihm in Verbindung stehen.

Ein weiteres Kennzeichen des keltischen Pantheons sind dieselben Namen sowohl für Gottheiten als auch für bestimmte Naturphänomene. Dies wird insbesondere bei Flussnamen deutlich: So sind die Namen der Flüsse Rhein (Rhenus), Seine (Sequana), Yonne (Icauna), Marne (Matrona) oder Saône (Souconna) zugleich Namen von Gottheiten, ebenso die Namen des Schwarzwaldes (Abnoba), der Ardennen (Arduinna) oder der Vogesen (Vosegus). Diese Art der Benennung hängt wohl damit zusammen, dass viele Gottheiten lediglich eine regionale Bedeutung besaßen und daher nur vereinzelt in Inschriften genannt werden. Zwar gibt es auch eine Weiheinschrift für die Göttin Arduinna in Rom, aber sehr wahrscheinlich war sie von einem keltischen Immigranten, der aus den Ardennen stammte, gestiftet worden.

Als heilige Orte galten den Kelten Waldstücke, Höhlen, Berge oder Quellen. Opfer- und Kultstätten wurden oft über Jahrhunderte genutzt, so zum Beispiel das »Felsenloch« im Veldensteiner Forst (Oberfranken), das von der Bronzezeit bis zur La-Tène-Zeit als Kultstätte diente. Solche frühen Opfer- und Kultstätten in der Natur erfuhren später oft eine architektonische Umgestaltung, indem Mauern oder – in gallorömischer Zeit – Tempel errichtet wurden.

Eine von der Atlantikküste bis nach Böhmen belegte

Keltische Kultur

Form von Kultstätten sind die sogenannten Viereckschanzen aus der La-Tène-Zeit. Ihr Name lässt eher eine Verteidigungsanlage vermuten und als solche wurde sie auch von den frühen Archäologen interpretiert. Die Anlagen waren nämlich mit einem Wall und einem Graben versehen, der Grundriss quadratisch oder rechteckig. Heute ist sicher, dass es sich um Kultstätten gehandelt hat, die eventuell gleichzeitig politischen Versammlungen dienten. Poseidonios (zitiert bei Athenaios, »Gastmahl der Gelehrten«) berichtet, dass die Kelten in »viereckigen Einschließungen« Gelage, wohl kultischer Art, abgehalten haben. In der Viereckschanze von Holzhausen (bei München) entdeckte man organische Substanzen, bei denen es sich um Opferreste gehandelt haben könnte. Funde von Tierfiguren aus Holz, die aus der Viereckschanze von Fellbach-Schmiden stammen, werden als Teile eines Kultbildes gedeutet, bei dem eine Gottheit mit Tieren dargestellt war.

Die Errichtung von Tempeln wurde bei den Kelten in Gallien und Britannien erst in römischer Zeit ab der ersten Hälfte des 1. Jahrhunderts v.Chr. üblich, und zwar in Form eines galloromischen Umgangstempels, der im Folgenden beschrieben wird.

Zwei bemerkenswerte heilige Kultorte befinden sich in Gournay-sur-Aronde (Département Oise) und – rund 50 Kilometer entfernt – in Ribemont-sur-Ancre (Frankreich).

Die in ihrem Grundriss annähernd quadratische Anlage von Gournay-sur-Aronde (ca. 45 x 38 Meter) war nach Osten ausgerichtet, mit einer Steinmauer und einem Graben versehen. Der Mittelpunkt war eine – ursprünglich wohl überdachte – Opfergrube, rund 3 Meter lang und 2 Meter tief. Die erste Umfriedung wurde später durch eine Holzpalisade ersetzt. Hier wurden sowohl Tier- als auch Menschenopfer dargebracht.

In Ribemont-sur-Ancre war ein quadratischer Platz mit einer Seitenlänge von jeweils 40 Metern ebenfalls mit Palisaden versehen – im Unterschied zu Gournay-

Menschenopfer, Schädelkult und viele Götter: Keltische Religion

Das Heiligtum von Ribemont-sur-Ancre (Frankreich): Hier stellten die Kelten 88 enthauptete und mumifizierte Leichname von Kriegern in voller Bewaffnung auf einem Podest zur Schau (Rekonstruktionszeichnung).

sur-Aronde jedoch ohne Graben. In Ribemont-sur-Ancre fand man die Knochenüberreste von mehreren Hundert Kriegern ohne Kopf. Sie waren offenbar auf einem Podest mit ihren Waffen ausgestellt worden – ein Beleg für die von den antiken Autoren geschilderte Sitte, die Köpfe gefallener Feinde als Trophäen aufzubewahren, die im 1. Jahrhundert v.Chr. ihr Ende fand.

Waldstücke, vor allem Eichenwälder, spielten eine besondere Rolle als heilige Orte. Sie wurden »Nemeton« genannt und mit diesem Wort wurden auch die Tempel der Kelten bezeichnet. Ein bekannter heiliger Hain lag in der Nähe von Massalia (Marseille), ein anderer war Drunemeton (der »heilige Eichenhain«) der Tektosagen in Kleinasien.

Opfergaben waren vor allem erbeutete Waffen, Tiere wie Rinder, Schweine, Schafe, Hunde und Pferde und auch Menschen. Handelt es sich bei den Opfergaben um Gebrauchsgegenstände, beschädigte man sie oft absichtlich – vermutlich um sie so vor Diebstahl zu schützen. Manchmal erfolgten absichtliche Beschädigungen auch bei Grabbeigaben (z.B. in Hochdorf). Caesar schreibt im »Gallischen Krieg« dazu: »Nach dem Sieg opfern sie die erbeuteten Tiere und bringen die übrige Beute an einen Ort. Bei vielen Stämmen kann man an heiligen Stätten ganze Haufen sehen, die daraus errichtet sind. Es kam nur selten vor, dass jemand unter Missachtung der Religion Erbeutetes bei sich verstecken oder das Geweihte wegzuschaffen

Keltische Kultur

Das Heiligtum von Gournay-sur-Aronde (Frankreich), dessen Zentrum eine überdachte Opfergrube war. Hier stellten die Kelten erbeutete Waffen zur Schau, der Eingang war mit Schädeltrophäen geschmückt.

wagte. Die furchtbarste, martervollste Hinrichtung ist hierfür festgesetzt.« (VI, 17)

In Gournay-sur-Aronde hat man Überreste von Opfertieren gefunden, die bis zu einem gewissen Grad Aufschluss über den Ablauf der Opferung geben. So wurden alte Rinder mit einem Beil getötet und in die Opfergrube geworfen. Dort ließ man sie liegen, bis sie verwest waren, trennte dann den Schädel ab, verwendete ihn womöglich als Trophäe am Eingang und deponierte den übrigen Teil des Skeletts im Graben der Anlage. Im Unterschied zu den Rindern fand man bei den Überresten von den Schweinen und Schafen keine ganze Skelette, sondern nur die besten Knochen. Es waren auch keine alten Tiere, sondern junge. Es ist anzunehmen, dass ihr Fleisch bei einer Opfermahlzeit verzehrt wurde. Auch die erbeuteten Kriegswaffen (rund 2000 in Gournay-sur-Aronde) wurden zur Schau gestellt und als Opfer dargebracht. Nachdem die Holz- und Lederteile vergangen waren, wurde der Rest zerstört. Menschenopfer fanden in Gournay-sur-Aronde ebenfalls statt, wie die Funde von ungefähr 60 menschlichen Knochen in der Opfergrube zeigen.

Die Opferung von Menschen erfolgte durch Ersticken, Erhängen, Verbrennen, Kreuzigung oder Erschießen mit Pfeilen. Caesar schreibt, dass die Gallier, »welche von schwereren Krankheiten befallen sind oder in Kampf und Gefahr schweben, anstelle der Opfertiere Menschen (opfern) oder sie geloben deren Opfer und bedienen sich hierbei der Druiden als Opferpriester. Sie sind nämlich der Ansicht, die waltende Macht der unsterblichen Götter könne nicht versöhnt

Menschenopfer, Schädelkult und viele Götter: Keltische Religion

werden, wenn nicht für das Menschenleben wieder ein Menschenleben hingegeben werde. (...) Andere Stämme haben Gebilde von ungeheurer Größe, deren aus Ruten zusammengeflochtene Glieder sie mit lebenden Menschen füllen; sie werden dann von unten angezündet, und die von den Flammen Eingeschlossenen erleiden den Tod. Die Opferung der bei Diebstahl, Raub oder anderem Verbrechen Ergriffenen ist nach ihrer Ansicht den unsterblichen Göttern angenehmer; aber sooft es an solchen Menschen fehlt, schreiten sie sogar zur Opferung Unschuldiger« (VI, 16). Diese Aussagen werden durch Strabon in seiner »Erdbeschreibung« bestätigt und ergänzt: »Einem zum Opfer Geweihten hieben sie mit dem Säbel in den Rücken und weissagten aus seinen Zuckungen. Nie opfern sie aber ohne Druiden. Auch andere Arten von Menschenopfern werden ihnen nachgesagt. Manche nämlich erschossen sie mit Pfeilen oder kreuzigten sie in Tempeln. Auch errichteten sie einen Riesenkerl von Heu und Holz, stecken Hausvieh und allerlei Tiere und Menschen hinein und verbrannten alles zusammen.« (IV, 4, 5)

Der keltische Schädelkult war bei den Römern besonders verpönt. Diodor schildert ihn in seiner Weltgeschichte als Sitte keltischer Krieger, die dem besiegten Feind den Kopf abschlugen und als Kriegstrophäe stolz nach Hause brachten. Dort wurde er am Hauseingang aufgehängt – um den Ruhm des Siegers zu verkünden und um Unheil abzuwehren. Aber nicht nur am Hauseingang, auch am Stadttor, an heiligen Orten oder am Hals von Pferden wurden Menschenschädel angebracht. Diodor wörtlich: »Zu Hause

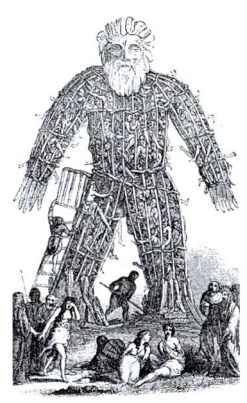

Bei dem »Weidenmann« handelte es sich um ein großes Gerüst aus Weiden in Form eines Menschen. In ihm wurden Menschen eingeschlossen und als Opfer verbrannt. Stich, 19. Jahrhundert.

Keltische Kultur

Keltische Menschenopfer (links). Szene auf dem Kessel von Gundestrup, 1. Jahrhundert v.Chr.

nageln sie dann diese Ehrenzeichen (die Köpfe des Feindes) an die Wand, gerade als hätten sie auf der Jagd ein Wild erlegt. Die Köpfe der Vornehmsten unter den Feinden salben sie ein, bewahren sie in einem Kasten sorgfältig auf und zeigen sie den Fremden. Da rühmt sich mancher, für diesen Kopf habe man einem seiner Vorfahren oder seinem Vater oder ihm selbst viel Geld angeboten und er habe ihn nicht weggegeben.« (V, 29) Für den Schädelkult war der Glaube ausschlaggebend, dem Kopf des Feindes wohne Macht und Kraft inne. Auch einige Römer der High Society fielen dem keltischen Schädelkult zum Opfer, so der römische Feldherr Lucius Postumius im Jahre 216 v.Chr., der von den keltischen Boiern besiegt wurde und dessen Schädel anschließend als vergoldetes Trinkgefäß diente. Noch zu Caesar Zeiten war der Schädelkult üblich, doch Caesar erwähnt ihn nicht. Diese Sitte passte nicht in sein Bild der zivilisierten Kelten, das er in Rom für seine politischen Zwecke präsentieren wollte. Die Römer verboten mit einem Senatsbeschluss im Jahre 97 v.Chr. die Menschenopfer.

Caesar berichtet allerdings, das beim Tode eines Herrn dessen Knechte und Sklaven zusammen mit diesem auf einem Scheiterhaufen verbrannt wurden. Eine ähnliche Sitte, zum Beispiel, dass die Witwe ihrem Mann in den Tod folgte beziehungsweise folgen musste, kann auch für Beerdigungen der Fürsten in ihren Gräbern vermutet werden.

Menschenopfer, Schädelkult und viele Götter: Keltische Religion

Die Fürstengräber wie das des Fürsten von Hochdorf mit der großen Grabkammer und den prächtigen Grabbeigaben belegt den Glauben an ein Jenseits. War die Grabkammer letztlich schon das Jenseits für den Toten oder war sie nur eine Zwischenstation auf dem Weg ins Jenseits? Die konkreten Jenseitsvorstellungen und -hoffnungen eines Fürsten von Hochberg oder Glauberg bleiben wohl für immer ein Geheimnis.

Die antiken Autoren berichten, dass die Kelten an die Wiedergeburt der Seele beziehungsweise an die Seelenwanderung glaubten. Caesar sieht in der Seelenwanderung einen Grund für den Mut und Kampfeseifer der Kelten im Krieg. Einige Autoren wie Poseidonios und Diodor erwähnen den Brauch, dass mit den Toten auf dem Scheiterhaufen Briefe an diese mitverbrannt wurden. Poseidonios und Caesar erwähnen auch die Vorstellung, dass sich zum Beispiel Geldgeschäfte und Schulden auf das nächste Leben verschieben lassen. Bereits antiken Autoren war eine Ähnlichkeit der Idee der Seelenwanderung bei den Kelten und der Idee der philosophischen Schule des Pythagoras aufgefallen, die in der antiken Welt sehr populär war. Das wird auch in der griechischen Kolonie Massalia (Marseille) der Fall gewesen sein, wo schon um 500 v. Chr. ein Einfluss der Pythagoräer auf die keltische Idee der Seelenwanderung möglich gewesen wäre. Ob es wirklich so war, wird ungewiss bleiben. Aufgrund von Handelsbeziehungen sind Einflüsse der Griechen, Etrusker und Skythen in der keltischen Kunst nachweisbar und daher auch für religiöse Vorstellungen nicht auszuschließen. In irischen Erzählungen des Mittelalters kommen ebenfalls Ideen der Seelenwanderung vor. Allerdings muss berücksichtigt werden, dass diese Erzählungen stark christlich geprägt waren wie bei der Erzählung von Túan mac Cairill. Der Protagonist Túan, der »Sohn Cairills«, erzählt seine Lebensgeschichte anhand von verschiedenen Wiedergeburten: Túan wird zunächst so alt, dass er

Keltische Kultur

seine Familie lange überlebt. In den folgenden Leben ist er ein Hirsch, ein Eber, ein Adler und ein Lachs. Als solcher wird er schließlich von Fischern gefangen, ins Königshaus gebracht, von der Königin gegessen und von ihr als ihr Kind wiedergeboren.

Druiden – Mythos und Wirklichkeit
Über Druiden fehlen archäologische Zeugnisse komplett. Nur Schriften antiker Autoren geben über sie Auskunft. Die erste ausführliche – allerdings nicht mehr erhaltene – Beschreibung von Druiden stammt von Poseidonios, auf die sich spätere Autoren wie Strabon, Diodor von Sizilien, Plinius der Ältere oder Caesar beziehen. Ihr zufolge waren die Druiden Theologen, Priester und Philosophen, die sich zudem mit Naturkunde beschäftigten. Neben ihnen gab es als eigene Gruppen die Barden (Dichter und Sänger) und die Wahrsager. Wie seine Vorgänger erwähnt auch Caesar die Zuständigkeit der Druiden für Theologie, Philosophie und Naturkunde, ferner ihre Funktion als Richter, als Aufseher über den Opferkult und ihren Glauben an die Seelenwanderung. Aber anders als seine Vorgänger betont Caesar die gesellschaftliche Macht der Priester und ihre Gliederung in drei Klassen. Es fällt auf, dass seine Beschreibung dem Bild römischer Priester ähnelt, die gesellschaftlich sehr einflussreich waren, die die Aufsicht über den Opferkult innehatten, vom Kriegsdienst befreit und in drei Klassen eingeteilt waren. Zudem stellt Caesar heraus, dass die Germanen im Gegensatz zu den Galliern weder Priester noch einen besonderen Opferkult besaßen.

Sahen Druiden tatsächlich so aus? Jedenfalls nach der Vorstellung von Bernard de Montfaucon, dessen Stich 1815 in einem Buch veröffentlicht wurde. Langer Bart und weißes Gewand sind auch heute typisch für ihr Erscheinungsbild.

Sehr wahrscheinlich wollte er mit seiner Darstellung belegen, dass die Kelten kulturell fortschrittlicher waren als die Germanen und daher sich eher an die römische Kultur anpassen würden.

Hier werden Caesars Aussagen zitiert, da sie die ausführlichsten Informationen enthalten, die wir heute über die keltischen Druiden besitzen: »Die Druiden versehen den Götterdienst, besorgen die öffentlichen und privaten Opfer und legen die Religionssatzungen aus. Bei ihnen finden sich in großer Zahl junge Männer zur Unterweisung ein, und sie genießen hohe Verehrung. Denn sie entscheiden bei fast allen öffentlichen und privaten Streitigkeiten. Sie sprechen das Urteil, wenn ein Verbrechen begangen wurde, ein Mord geschah, Erbschafts- oder Grenzstreitigkeiten ausbrechen; sie setzen Belohnungen und Strafen fest. Fügt sich ein Privatmann oder ein Volksstamm ihrem Entscheid nicht, so schließen sie die Betroffenen vom Götterdienst aus. Dies stellt bei ihnen die härteste Strafe dar. (...) An der Spitze aller Druiden steht der, der bei ihnen das höchste Ansehen genießt. Nach seinem Tod tritt an seine Stelle der, der unter den übrigen an Würde hervorragt, oder, wenn mehrere gleiche Bewerber da sind, entscheiden in dem Wettstreit die Stimmen der Druiden, bisweilen gar die Waffen. Sie tagen zu einer bestimmten Jahreszeit an einer geheiligten Stätte im Lande der Carnuten, das als die Mitte ganz Galliens gilt (wahrscheinlich Chartres). Hier treffen sich von überall alle, die Streitigkeiten haben, und beugen sich ihrer Entscheidung und ihrem Urteil. (...) Die Druiden ziehen gewöhnlich nicht mit in den Krieg und zahlen auch keine Abgaben wie die anderen, sind vom Waffendienst befreit und genießen Erlass aller Leistungen. Durch so große Vorrechte verlockt, begeben sich viele freiwillig in ihre Lehre oder werden von ihren Eltern und Verwandten zu ihnen geschickt. Es heißt, dass sie dort Verse in großer Zahl auswendig lernen; deswegen bleiben einige zwanzig Jahre in der Lehre. Sie halten es für eine Sünde, sie schriftlich niederzulegen, während sie fast in allen übrigen Angelegenheiten, in Staats- und Privatgeschäften, die griechische Schrift benützen. Dies scheinen sie mir aus zwei Gründen eingeführt zu haben: Sie wollen nicht, dass die Lehre unter der Menge verbreitet werde, noch dass die Schüler, sich auf das Geschriebene verlassend, das Gedächtnis weniger üben. (...) Vor allem wollen sie davon überzeugen, dass die Seelen nicht vergehen, sondern nach dem Tode von einem zum anderen wandern. (...) Viel disputieren sie außerdem über die Gestirne und ihren Lauf, über die Größe der Welt und der Erde, die Natur der Dinge und über das Walten und die Macht der Götter und teilen das der Jugend mit.« (VI,13–14)

Der Druide war also nach Caesar nicht nur ein Priester, sondern auch ein Universalgelehrter in den Bereichen Theologie, Philosophie und Naturkunde – entsprechend der Bedeutung des Namens Druide = »sehr Weiser«, »Eichenkundiger«. Religionsgeschichtlich gesehen ist der keltische Druide sicher eher als Priester denn als Schamane einzuordnen: Der Priester als Mittler zwischen Mensch und göttlicher Welt findet sich auch heute noch bei Kulturen mit Ackerbau und Viehzucht (zu denen die Kelten gehörten), während der Schamane bei den Jägern, Sammlern und Hirtennomaden anzutreffen ist. Bei den Neukelten dagegen erscheint der Druide vor allem als Schamane.

Von den antiken Autoren ist bekannt, dass den Kelten Eichen und Eichenhaine heilig waren. Ebenso galt ihnen die Mistel als heilig. Die folgende Beschreibung von Plinius dem Älteren in seiner »Naturgeschichte« wurde sowohl in keltenromantischen wie neukeltischen Kreisen bekannt: »Sie bereiten nach ihrer Sitte das Opfer und das Mahl unter dem Baum und führen zwei weiße Stiere herbei (...) Der Priester, bekleidet mit einem weißen Gewand, besteigt den Baum und schneidet die Mistel mit einem goldenen Messer ab: Sie wird mit einem weißen Tuch aufgefangen. Dann

Druiden – Mythos und Wirklichkeit

> **Der keltische Kalender**
> In Coligny (Südostfrankreich) wurden 1897 die Reste eines gallischen Kalenders in Form einer Bronzetafel gefunden, auf der fünf Sonnenjahre dargestellt sind. Dies ist bis heute die wichtigste Quelle zur keltischen Zeitrechnung. Ferner geben Hinweise antiker Autoren wie Poseidonios, Caesar, Plinius dem Älteren und einige irische und walisische Zeugnisse Aufschluss über den Kalender der Kelten. Sie rechneten nach Mondjahren. Ein Mondjahr bestand aus 355 Tagen beziehungsweise sieben Monaten mit je 30 Tagen und fünf Monaten mit je 29 Tagen. Nach 30 Monaten beziehungsweise 2,5 Jahren glich man den Unterschied des Mondkalenders zum Sonnenjahr durch einen Schaltmonat mit 30 Tagen aus. Nicht nach Tagen, sondern nach Nächten wurde die Zeit eingeteilt beziehungsweise so berechnet, »dass der Tag der Nacht folgt« – so Caesar. Wichtige Zeiteinheiten waren 30 Jahre (eine Generation) und fünf Jahre.

schlachten sie die Opfertiere und bitten den Gott, er wolle sein Geschenk denen, welchen er es gegeben, zum Glück gereichen lassen. Sie meinen, dass die Mistel in einem Getränk genommen, jedem unfruchtbaren Tier Fruchtbarkeit verleiht und ein Heilmittel gegen alles Gift sei.« (XVI, 95) Die Mistel als immergrüne Pflanze war für die Kelten wohl ein Symbol des Lebens. Sie wurde im Oktober und November von einem Druiden mit einem besonderen Messer (falx) »geerntet«, das sichelförmig und golden war.

Stammesführer scheinen zumindest manchmal sowohl Druide als auch Regent gewesen zu sein. So erwähnen antike Quellen, dass der Haeduerfürst Diviciacus, der sich 61 v.Chr. in Rom aufhielt, zugleich ein Druide war.

Kaiser Claudius erließ im Jahre 54 n.Chr. ein Verbot

Druide beim Abschneiden von Misteln mit einem goldenen, sichelartigen Messer, wie es von Plinius dem Älteren in seiner »Naturgeschichte« beschrieben wird.

für die Druiden, ihre Tätigkeiten auszuüben. Ob die Römer politischen Widerstand von ihnen befürchteten, da sie Bewahrer der keltischen Tradition waren, ist nicht eindeutig. Es ist anzunehmen, dass sie ihre Tätigkeiten heimlich weiterhin ausübten (ähnlich wie die Tätigkeiten der Schamanen in der Sowjetunion verboten waren und diese offiziell »verschwanden«, aber seit der sogenannten Wende wieder präsent sind).

Gallorömische Religion:
Die Vereinigung keltischer und römischer Götter
Unter römischer Herrschaft war die Verehrung des Kaisers und römischer Gottheiten, vor allem durch Opferkult, Pflicht. Darüber hinaus hatte jeder Einzelne im Imperium Romanum die Freiheit, eigene beziehungsweise andere Götter zu verehren. Menschenopfer verboten die Römer allerdings, stattdessen wurden von den Kelten Münzen, Votivgaben wie kleine Vasen oder Räder aus Ton geopfert. Ab 54 n.Chr. durften die Druiden wie erwähnt ihre Tätigkeit nicht mehr ausüben.

Wie in anderen Bereichen der Kultur kam es in gallorömischer Zeit ab 51 v.Chr. auch zu einer Verschmelzung von keltischer und römischer Religion. Quellen, die Aufschluss über die gallorömische Religion geben, sind bildliche Darstellungen (Skulpturen, Reliefs) und vor allem Inschriften auf Weihesteinen. Doch sie lassen weder Rückschlüsse auf die Religion in der vorrömischen Zeit noch auf die breite Bevölkerung der Kelten zu, die gegenüber den Römern nicht so aufgeschlossen war wie die Oberschicht.

Neben einer Verschmelzung beider Religionen ist aber auch eine Kontinuität keltischer Tradition von der vorrömischen bis zur römischen Zeit festzustellen. Dies gilt insbesondere für Kultplätze aus der Zeit vor den Römern, die in römischer Zeit weiterhin aufgesucht wurden. Sie veränderten sich nur insofern, als oft ein Tempel nach römischem Vorbild den Vorgängerbau ersetzte. Ein Beispiel dafür ist der jüngst

Gallorömische Religion: Die Vereinigung keltischer und römischer Götter

rekonstruierte Tempel auf dem Martberg an der Mosel, der an der Stelle eines vorrömischen Heiligtums der Kelten erbaut wurde.

Die meisten keltischen Gottheiten traten in menschlicher Gestalt in Erscheinung. Die Interpretatio Romana meint das Verschmelzen einer keltischer und einer römischen Gottheit zu einem Gott, die sich in der Gleichsetzung des keltischen und römischen Götternamens zeigt. Häufig wurden in Weiheinschriften beide Namen nebeneinander aufgeführt, wie zum Beispiel Lenus und Mars, Teutates und Merkur, Grannus und Apollon. Allerdings bedeutete diese Gleichsetzung nicht unbedingt, dass keltische und römische Gottheiten in allen Bereichen, für die sie »zuständig« waren, auch die gleiche Bedeutung besaßen. Die Interpretatio Romana lässt ebenfalls keine Rückschlüsse auf den gesamten Funktionsbereich einer keltischen Gottheit zu, die weitere »Zuständigkeitsbereiche« haben konnte. So waren der keltische Gott Lenus als auch der römische Gott Mars beide Kriegsgötter. Aber Lenus war darüber hinaus zugleich der Gott der Heilung, was bei Mars nicht der Fall war. Für einige Gottheiten gab es keine römische Entsprechung, zum Beispiel für Epona, die Pferdegöttin, Rosmerta, die Partnerin Merkurs, oder die Matronen. Die Galater verehrten insbesondere Artemis, eine griechische Muttergottheit.

Beliebt war die Verbindung eines Gottes und einer Göttin als Paar. Entweder trugen beide die Namen römischer Gottheiten, traten jedoch in einer für die

Der rekonstruierte gallorömische Tempel auf dem Martberg an der Mosel (bei der Stadt Pommern) ist ein lohnendes Ausflugsziel.

Die Gleichsetzung des keltischen Gottes Lenus mit dem römischen Gott Mars (im Tempel auf dem Martberg an der Mosel): Lenus wird in Gestalt des Mars mit Helm und Schwert dargestellt.

römische Religion unüblichen Verbindung auf, oder beide Gottheiten trugen keltische Namen (z.B. Sucellus und Nantosuelta, Borvo und Damona). Schließlich kam es vor, dass der Gott den Namen eines römischen Gottes trug und die Göttin einen keltischen Namen (z.B. Mercurius und Rosmerta, Mercurius Visucius und Visucia, Apollo Grannus und Sirona). Die Interpretatio Romana ist letztlich als Vereinheitlichung der ursprünglichen regionalen Vielfalt im Bereich der keltischen Religion zu verstehen. In diesem Sinne ist Caesars Bemerkung zu werten: »Als Gott verehren sie besonders Merkur. Er hat die meisten Bildnisse, ihn halten sie für den Erfinder aller Künste, ihn für den Führer auf Wegen und Wanderungen, ihm sprechen sie den größten Einfluss auf Gelderwerb und Handel zu. Nach ihm verehren sie Apollo, Mars, Jupiter und Minerva. Von diesen haben sie ungefähr dieselben Vorstellungen wie die anderen Völker: Apollo soll Krankheiten vertreiben, Minerva die Anfangsgründe des Handwerks und der Künste lehren, Jupiter die Herrschaft über die Götter ausüben, Mars Kriege führen. Ihm geloben sie, sooft sie einen Kampf beschlossen haben, meist die Kriegsbeute.« (VI, 17, 1–2)

Fruchtbarkeit und Heilung spielten in der keltischen Religion eine wichtige Rolle. Insbesondere die sogenannten Matronen symbolisierten Fruchtbarkeit. Bei ihnen handelt es sich um Muttergottheiten, die vor allem vom 2. bis 4. Jahrhundert n.Chr. verehrt wurden. Dies bezeugen rund 1100 Weiheinschriften und altarförmige Bilder, die aus den von Kelten und Germanen besiedelten Gebieten stammen. Oft lagen mehrere Kultzentren nahe beieinander wie Bonn, Nettersheim und Pesch. Die Matronen werden stets als Dreiergruppe dargestellt, sitzend, mit Früchten oder Ähren in der Hand, verheiratet (mit Haube) oder unverheiratet (ohne Haube und mit gelöstem Haar). Ihre keltischen oder auch germanischen Beinamen leiten sich nicht selten von Stammes- oder Ortsnamen ab.

Gallorömische Religion:
Die Vereinigung keltischer und römischer Götter

Weihestein mit Matronen aus dem Matronenheiligtum in Nettersheim (Eifel), um 162 n.Chr. Als Matronen werden immer drei Frauen dargestellt (Frauenmuseum Bonn, Kopie eines Originals aus dem Rheinischen Landesmuseum Bonn).

Eine Reihe von Kultstätten waren richtige Wallfahrtsstätten für die Kelten, weil man sich von den dort verehrten Gottheiten Heilung erhoffte. Belegt ist dies durch entsprechende Funde von Votivgaben, die Körpergliedmaße oder Organe darstellen. Beispiele dafür sind das Quellheiligtum von Hochscheid (im Hunsrück), wo Apollo Grannus und Sirona verehrt wurden, das Heiligtum der Göttin Sequana bei Dijon und das Quellheiligtum von Clermont-Ferrand in Chamalières (beide in Frankreich), wo einige Tausend Votivgaben gefunden wurden.

Nachdem die Oppida auf Anhöhen aufgegeben wurden, blieben die Kultplätze dort meist erhalten und wurden als solche auch weiterhin genutzt. Ein Beispiel dafür ist der Martberg an der Mosel, auf dem nach Aufgabe des dortigen Oppidums der Treverer ein gallorömisches Heiligtum mit Umgangstempel entstand, in dem Lenus-Mars verehrt wurde. Lenus war ursprünglich der Stammesgott der Treverer, Mars der römische Kriegsgott. Von Lenus-Mars erhoffte man sich Heilung und Gesundheit, zum religiösen Kult gehörte außerdem eine medizinische Behandlung. Um 400 n.Chr. fand dieser Kult durch die Christianisierung ein Ende. Hauptsächlich in den Mittelgebirgen Ostgalliens (Voge-

Keltische Kultur

Innenansicht des Tempels auf dem Martberg mit einem Weihestein.

Das Kultbäumchen aus dem Oppidum Manching besteht aus Holz und trägt vergoldete Blätter und Früchte aus Bronze, 3. Jahrhundert v. Chr.

sen, Hunsrück, Eifel, Ardennen) kamen zahlreiche traditionelle Kultstätten von römischen Steinbauten bis zu Weihedenkmälern vor.

Waffen, Schmuck und Gräber: Die Vielfalt keltischer Kunst

Der heutige Besucher von Ausstellungen keltischer Kunst ist vor allem von den Goldfunden fasziniert. Bereits Diodor schreibt: »(...) gewinnen die Gallier große Schätze Goldes. Sie gebrauchen es zum Schmuck, nicht bloß die Frauen, sondern auch die Männer. Sie tragen Ringe um die Handwurzel und den Arm, auch dicke Halsringe von reinem Gold und große Fingerringe, sogar goldene Harnische.« (5, 27)

Ein wesentlicher Unterschied zwischen der keltischen und der modernen Kunst heute besteht darin, dass für die Kelten Kunst eher eine religiöse und weniger eine ästhetische Funktion besaß, also keine L'art pour l'art wie heute war. Wenn beispielsweise eine Fibel in Form einer Schlange oder eines Tierkopfes gefertigt wurde, handelte es sich nicht einfach um die ästhetische Gestaltung einer Gewandnadel, sondern um eine religiöse Bedeutung und Funktion. Sie könnte zum Beispiel dem Schutz vor bösen Einflüssen gedient haben.

Die Kelten waren aber nicht nur technische, sondern auch künstlerische Meister. Im Unterschied zur altorientalischen und griechisch-römischen Kunst kamen bei den Kelten keine monumentalen Steinbauten (mit Ausnahme der Umgangstempel in gallorömischer Zeit) vor, ebenso keine Darstellung von Menschen als Großplastik (mit Ausnahme des Kriegers von Hirschlanden), keine szenischen Darstellungen von Handlungen (mit Ausnahme des Kessels von Gundestrup) und auch keine realistische Porträts von Menschen.

Waffen, Schmuck und Gräber: Die Vielfalt keltischer Kunst

Die keltische Kunstfertigkeit zeigt sich vorwiegend an Schmuck, Waffen und Gebrauchsgegenständen des Alltags wie Speise- und Trinkgeschirr, die sich durch ihre technische Perfektion und einer besonderen, abstrakten und vieldeutigen Ornamentik auszeichnen. Pflanzen, Tiere, Fabelwesen und menschliche oder fratzenhafte Gesichter prägen die Darstellungen. Sie werden eine mythologische Bedeutung gehabt haben, die man aber heute nicht mehr kennt, so wie zum Beispiel die häufig auftretenden Motive des Widderkopfes oder der gehörnten Schlange.

Die Kultur der Kelten in Mitteleuropa wird auch als »Eisenzeit« bezeichnet. Die Verarbeitung von Eisen erlebte jetzt, nach der vorangegangenen Bronzezeit, einen Boom. Und die Kelten waren Meister in der Eisenverarbeitung. Sie stellten Waffen, Werkzeuge, Küchengeräte, Geräte für die Landwirtschaft, Kleidungs- und Schmuckstücke aus Eisen her. Die von ihnen produzierten Schwerter und Kettenhemden gehörten zu den begehrtesten Exportwaren. Insbesondere das Schmieden von relativ kleinen Objekten aus feinem Drahtgeflecht erforderte eine hohe Geschicklichkeit, allerdings konnten sie nur bis zu einer bestimmten Größe, zum Beispiel der eines Ambosses, gefertigt werden.

Die bei den Kelten beliebten Fibeln wurden durch das Ziehen von Draht hergestellt. Es handelt sich bei ihnen um Spangen aus Eisen (seltener aus Bronze), die man zum Zusammenhalten und Schließen von Kleidung verwendete, ähnlich wie Sicherheitsnadeln. Sie waren mit Ornamenten oder Emaille verziert und oft als Tierköpfe, Masken, Schlangen oder Pauken geformt. Da sie einem häufigen Wechsel der Mode unterlagen, kann man anhand von Fibeln sehr gut andere archäologische Funde einordnen.

Bronze wurde gegossen oder zu Blech geschlagen. Gegossen wurde meist in der sogenannten verlorenen Form. Um sie zu erhalten, ummantelte man ein zuvor

Keltische Kultur

angefertigtes Wachsmodell mit Ton, brannte es, sodass das Wachs schmolz und in die hohle Tonform heiße Bronze gegossen werden konnte. War sie erkaltet, zerschlug man den Ton und hielt die gewünschte Form in Händen. Aus Bronze wurde vor allem der sowohl bei keltischen Frauen als auch bei Männern der einfachen Bevölkerung sehr beliebte Schmuck hergestellt wie zum Beispiel Arm-, Fuß- und Halsringe. Seltener bestand Schmuck aus Eisen und Gold. Silberschmuck kam kaum vor.

Gallien war für sein Goldvorkommen bekannt – ein Anreiz für Caesar, das Land zu vereinnahmen und seine Finanzen aufzubessern. Bereits in der Hallstattzeit fertigten die Kelten Schmuck aus dem edlen Metall an, wie Funde in Fürstengräbern belegen. Auch Münzen wurden zum Teil aus Gold hergestellt. Uns heute vorliegende Funde aus Gold, vor allem Schmuck- und Kultgegenstände, hatten den Kelten als Grabbeigabe oder als Opfergabe gedient. Als Schmuck bevorzugte die Oberschicht Arm-, Fuß-, Finger- und vor allem Halsringe (Torques), die entweder vergoldet waren oder ganz aus Gold bestanden. Schon den Römern galten die Halsringe als typisch keltisch. Sie dienten auch als Rangabzeichen der gesellschaftlichen Elite. Hämmern und Treiben waren vor allem die Techniken der Goldverarbeitung, ferner waren Gießen, Schweißen oder Granulieren bekannt.

Die keltische Kunst der Hallstattzeit hat kaum eigenständige Formen entwickelt. Zum einen handelte es sich um Kunstgegenstände, die zusammen mit anderen Waren aus dem Mittelmeerraum importiert wurden, zum anderen um Kopien etruskischer beziehungsweise griechischer

Der Torques (Halsring) gilt als Kennzeichen keltischer Kunst und war Statuszeichen keltischer Fürsten. Hier Ringe aus massivem Gold, die in Großbritannien gefunden wurden, zweite Hälfte des 1. Jahrhunderts.

Waffen, Schmuck und Gräber: Die Vielfalt keltischer Kunst

Kunst. Typisch für die keltische Kunst dieser Zeit war ein geometrischer Stil, dessen Muster durch Viereck, Dreieck, Raute, Kreuz, Kreis oder gerade Linien bestimmt war.

Beispiel für eine plastische Darstellung ist die Skulptur von Hirschlanden (500 v.Chr.). Sie zeigt einen nackten Krieger mit erigiertem Phallus wohl als Zeichen seiner Potenz, die ihn wahrscheinlich als Ahnherr eines Clans beziehungsweise einer Fürstendynastie kennzeichnen sollte. Völlig nackt ist die Figur nicht, denn sie trägt einen spitzen Hut, der dem Hut aus Birkenrinde aus dem Grab des Fürsten von Hochdorf gleicht. Ferner weisen der Torques und der in einem Gürtel steckende Dolch ihn als Fürsten aus. Sein Grab hat man allerdings nicht mehr gefunden.

In der La-Tène-Zeit kam es erstmals zu eigenständigen Formen in der keltischen Kunst. Dieser neue Stil orientiert sich zwar noch an etruskischen und griechischen, auch an skythischen und thrakischen Vorbildern, diese wurden jetzt aber weiterentwickelt. Die geometrischen Muster der Hallstattzeit sind out, vorherrschend sind nun dynamische Muster mit Menschen-, Tier- oder Pflanzenmotiven. Form und Dekor entsprechen noch heute unserem ästhetischen Geschmack. Das Fürstinnengrab von Waldalgesheim bei Bingen gab dem Kunststil der La-Tène-Zeit seinen Namen: Stil von Waldalgesheim. Typisch für ihn sind Pflanzenornamente mit Wellenranken und Spiralen. Verzierte Gefäße aus Metall ragen unter den Grabbeigaben der La-Tène-Zeit hervor, wie zum Beispiel

Typische Schnabelkanne der La-Tène-Zeit aus einem Grab am Dürrnberg bei Hallein (Österreich).

Keltische Kultur

Der Prunkhelm von Agris (Frankreich) ist ein Meisterwerk keltischer Kunst, um 350 v.Chr.

die etruskischen Schnabelkannen. Diese wurden sowohl aus Ober- und Mittelitalien eingeführt als auch von keltischen Künstlern selbstständig nachgebildet. Sie gestalteten die Kannen dann beispielsweise nicht mehr bauchig, sondern verjüngten sie in ihrer Form oder versahen sie mit Tierfiguren, so wie das katzenartige Tier mit vorquellenden Augen auf dem Kannenrand und an den Henkeln bei der Kanne, die auf dem Dürrnberg bei Hallein entdeckt wurde. Erwähnenswert sind auch die glockenförmigen Prunkhelme von Amfreville-sous-les-Monts und Agris aus dem 4. Jahrhundert, bei denen es sich wohl um Opfergaben, nicht um Grabbeigaben handelt. Sie bestehen aus Eisen mit Bronze- und Goldblechauflagen. Der Wangenschutz des Helms von Agris war mit Gold- und Koralleneinlagen verziert.

Die Darstellungen auf dem Kessel von Gundestrup (Dänisches Nationalmuseum, Kopenhagen) sind wie eine Bildergeschichte keltischer Mythen. Der Kessel besteht aus Silber, hat einen Durchmesser von 69 Zentimeter und ist 42 Zentimeter hoch. Er war wohl von Germanen erbeutet und in der Nähe von Gundestrup versteckt oder als Opfergabe dargebracht worden. Vermutlich stammt er aus der Zeit zwischen dem 2. und 1. Jahrhundert v.Chr. Wahrscheinlich wurde der Kessel auf dem Balkan hergestellt. Sein Boden besteht aus einer Silberschale, der obere Teil innen aus fünf und außen aus acht Silberplatten mit Reliefs. Das bekannteste zeigt einen mit gekreuzten Beinen sitzenden Gott, der ein Hirschgeweih und einen Halsring trägt. Er ist umgeben von Tieren wie einem Hirsch, Löwen, Greifen, einem Fisch mit Reiter, Elefanten, die ihn als ihren Herrn zeigen. Bei der Gottheit handelt es sich um Cernunnos. Auf den übrigen Platten des Kessels sind weitere Götterdarstellungen zu sehen und eine Szene, in der eine männliche Figur – sicher ein Druide – einen

Waffen, Schmuck und Gräber: Die Vielfalt keltischer Kunst

Der Kessel von Gundestrup zeigt eine Bildergeschichte keltischer Mythologie: Die Reliefdarstellungen zeigen eine Reihe von Göttern und eine Opferszene, 2./1. Jahrhundert v. Chr.

Menschen im Beisein einer Schar von Kriegern opfert.

Die keltische Kunst Irlands, Schottlands und Wales' erfuhr in der christlichen Kunst des Mittelalters eine deutliche Nachwirkung. Es vermischten sich christliche, germanische und keltische Elemente. Beispiele dafür sind die Hochkreuze oder die illuminierten Handschriften wie das Evangeliar von Durrow (Ende 7. Jahrhundert), das von Kells (8. Jahrhundert) sowie das von Deer (10. Jahrhundert). Das Pergament der Handschriften wurde aus Kalbs- oder Schafsleder gewonnen. Die Initialen (die Anfangsbuchstaben) nehmen oft eine ganze Seite ein. Typisch für den an die La-Tène-Zeit erinnernden Stil sind Schnörkel, trompetenförmige Muster, ineinander verschlungene Figuren und Buchstabenschleifen. Als bildliche Darstellungen finden sich menschliche Figuren (Evangelisten, Heilige) oder symbolische Tiere (z. B. der Löwe für den Evangelisten Markus, der Stier für Lukas und der Adler für Johannes). Zudem gibt es Seiten von Evangeliaren, auf denen nur Ornamente, meist mit einem Kreuz im Zentrum, dargestellt sind.

Die Hochkreuze waren typischer Bestandteil irischer Klosteranlagen vor allem aus dem

»Book of Kells«: erste Seite des Markusevangeliums mit typisch »keltischen« Verzierungen und Mustern, 8. Jahrhundert n. Chr.

Keltische Kultur

8. bis 10. Jahrhundert. Ein Ring verbindet den Längs- und Querbalken des Kreuzes, das auf einem würfelartigen Sockel steht. Oben auf dem Kreuz befindet sich ein Kegel oder ein »Haus« als Abschluss. Auf den Kreuzen sind – in einer Art Bildergeschichte – Szenen aus der Bibel und den apokryphen Schriften dargestellt, die mit solchen aus der irisch-vorchristlichen Geschichte verbunden sind.

Von einigen Wissenschaftlern wird behauptet, dass Nachwirkungen der keltischen Kunst in der christlichen Kunst der Romanik vorkommen. Ob ein direkter oder indirekter Zusammenhang zutrifft, ist jedoch zweifelhaft, denn immerhin beträgt der zeitliche Abstand zwischen der keltischen und romanischen Kunst rund 700 Jahre. Auffallend sind auf jeden Fall die Ähnlichkeiten zum Beispiel der Pflanzenornamente an Por-

---

Keltische Schrift

Die Kelten hatten zwar lange Zeit Kontakt zu Schriftkulturen, aber Schrift spielte bei ihnen nie eine so wichtige Rolle wie bei den Römern oder den Griechen. Die Kelten verwendeten Schrift sozusagen nur sparsam für praktisch-technische Zwecke und entwickelten kein eigenes Alphabet. Es gibt Funde von Inschriften aus dem unteren Rhonegebiet, die in das 3. Jahrhundert v.Chr. datiert werden, auf denen keltische Worte in griechischer Schrift geschrieben sind. Ferner liegen aus gallorömischer Zeit ab 51 v.Chr. keltische Häuptlings- und Stammesnamen in lateinischer Schrift auf Münzen vor. Außerdem gibt es aus der gleichen Zeit Weihschriften an Kultstätten wie dem Tempel auf dem Martberg oder die Matronenweihesteine in Gallien in keltischer oder lateinischer Sprache, die in lateinischer Schrift geschrieben sind. Aber zu einem generellen Gebrauch von Schrift in allen Lebensbereichen kam es nicht. Damit unterschieden sich die Kelten von den Germanen, die unter römischem Einfluss innerhalb eines Jahrhunderts die Runenschrift entwickelten. Nur in Irland entstand im 3. Jahrhundert n.Chr. – wohl unter christlichem Einfluss nach Vorbild der lateinischen Schrift – die Oghamschrift. Sie bestand aus 20 Zeichen in Form von Punkten und Strichen und findet sich meist auf Grab- oder Grenzsteinen des 5. und 6. Jahrhunderts. Vielleicht können die für uns bildlichen Darstellungen der La-Tène-Zeit (Pflanzen, Tiere, Menschen und Dämonen) auch als eine Art Zeichensystem gedeutet werden, das einer Schrift vergleichbar ist.

talen oder Säulenkapitellen romanischer Kirchen oder die der fratzenhaften Skulpturen vor allem an irischen und englischen Kirchen und denen der keltischen Kunst der La-Tène-Zeit. Ebenso wird vereinzelt eine Verbindung zwischen gotischen Kirchen und keltischer Kunst gesehen. Sicher ist, dass gotische Kathedralen nicht selten an keltischen Kultorten errichtet wurden, wie zum Beispiel die berühmte Kathedrale von Chartres (Frankreich).

Von Helden, Elfen und Feen: Keltische Literatur
Von den Festlandkelten existiert – wie erwähnt – weder eine eigene Schrift noch Schriftzeugnisse. Daher wird es mit Sicherheit eine reichhaltige mündliche Überlieferung von Mythen, Erzählungen, Gedichten und Gesängen gegeben haben, über die wir heute nichts mehr wissen. Dafür spricht die Existenz einer eigenen gesellschaftlichen Gruppe von Dichtern und Sängern, den Barden, die auch bei den Festlandkelten durch Schriften antiker Autoren und Bilddarstellungen bezeugt sind. So schreibt Poseidonios (zitiert bei Athenaios) von einem großen Fest, zu dem der Kelte Luernios eingeladen hatte: »Nachdem Luernios einen Schlusstag für das Fest bestimmt hatte, sei einer von den Barbaren, ein Dichter, zu spät gekommen, und als er vor Luernios stand, habe er mit Gesang dessen Größe gepriesen und sich selbst beklagt, dass er zu spät gekommen sei. Luernios habe sich darüber gefreut, ein Beutelchen mit Goldstücken angefordert und habe es dem an seiner Seite Laufenden zugeworfen. Der Dichter habe das Beutelchen aufgehoben und ihn wieder besungen: die Spuren seines Wagens auf der Erde trügen Gold und Wohltaten für die Menschen.« (Poseidonios 23, zitiert bei Athenaios 4,3)

Solche Barden, die bei den Iren, Schotten und Walisern den jeweiligen Herrscher preisen oder dessen Tod betrauern, sind typisch für die Literatur der Inselkelten. Auch bei ihnen gab es zunächst über Jahrhunderte

Keltische Kultur

Den irischen Mönchen ist eine vielfältige Literatur zu verdanken, die zwar christlich geprägt war, aber keltisches Erzählgut bewahrt hat. Hier das Kloster auf der Insel Skellig Michael.

hinweg eine reiche mündliche Überlieferung, die erst in christlicher Zeit – und somit aus christlicher Sicht – niedergeschrieben wurde und sich so erhalten hat.

In Irland entstand aufgrund der ausgeprägten Klosterkultur eine vielfältige Literatur über die Zeit sowohl vor als auch nach der Christianisierung. Galten früher viele dieser irischen Erzählungen als keltisch, sieht man dies heute anders. Zahlreiche Stoffe und Motive gehen zwar auf die mündliche Überlieferung der vorchristlichen keltischen Zeit zurück, die meisten Erzählungen wurden jedoch erst ab dem 11. Jahrhundert n. Chr. schriftlich festgehalten. So stellt sich für die neuere Forschung die Frage, wie zuverlässig im 11. Jahrhundert die Erinnerung an die vorchristliche Zeit gewesen sein kann. Heute geht man von einem sehr viel größeren christlichen Einfluss und einem willkürlichen Umgang mit der Überlieferung aus, wobei diese geändert beziehungsweise gefälscht und auch frei erfunden wurde.

Als Beispiele mittelalterlicher irischer Handschriften aus dem 11. Jahrhundert sind zu nennen »Das Buch der dunklen Kuh« und das »Buch von Leinster« sowie aus dem 14. Jahrhundert das »Buch von Ballymote«, das »Buch von Lecan« und das »Gelbe Buch von Lecan«. Die in diesen Büchern erhaltenen Erzählungen lassen sich

Von Helden, Elfen und Feen: Keltische Literatur

thematisch einteilen in den Ulsterzyklus, den Finnzyklus, den Königszyklus und den Mythologischen Zyklus. Der Ulsterzyklus umfasst Geschichten aus der Provinz Ulster, deren Haupthelden König Conchobar mac Nessa und sein Neffe Cú Chulainn sind, sowie das Königspaar Ailill und Medb als deren Gegenspieler. Die wichtigsten Erzählungen des Ulsterzyklus sind die Geschichte »Der Rinderraub von Cuailnge«, »Die Geschichte vom Schwein des Mac Dathó« und die »Zerstörung der Halle Da Dergas«. Der Finnzyklus, auch »Ossianischer Zyklus« genannt, enthält Geschichten über Jagd- und Liebesabenteuer und Kriege, die sich im 3. Jahrhundert n.Chr. zur Zeit des Königs Cormac mac Airt abspielen und deren Haupthelden Finn, der Anführer der Fianna, sein Sohn Oisin und dessen Sohn Oscar sind. Im Königszyklus wird von den bedeutendsten Königen vom 3. Jahrhundert v.Chr. bis zum 11. Jahrhundert n.Chr. berichtet, so zum Beispiel über Labraid Loingsech von Leinster, Conn Cétchathach und seinen Enkel Cormac mac Airt bis hin zu Diarmait mac Aeda Sláine, Domnal mac Aeda und Mongán mac Fiachna. Dabei werden historische Fakten mit mythischen, sagen- und märchenhaften Überlieferungen vermischt. Im Mythologischen Zyklus spielen Feen und Elfen eine wichtige Rolle. Neben den Zyklen sind außerdem die beiden großen Sammlungen »Ortsnamenskunde« und »Buch der Einnahme Irlands« zu erwähnen. Letzteres stammt aus dem 11. Jahrhundert und erzählt fiktiv die Geschichte Irlands von der Weltschöpfung über die erste Besiedlung durch eine Enkelin Noahs bis zu den sechs Einwanderungswellen, die das Land erlebte. Nach dieser Version sind die Söhne des Míl, die als Vorfahren der Iren gelten, zuletzt eingewandert. Biblische und keltische Traditionsstoffe werden miteinander verbunden.

Die Mythen, anhand derer hier die Geschichte Irlands erzählt wird, wurden von Mönchen niedergeschrieben. Als gläubige Christen stellten sie die Sintflut an den Beginn der göttlichen Schöpfung. Nach der Erschaffung der Welt lebten die Fomóri in Irland: einäugige, einbeinige Dämonen mit Hundsköpfen. Um 2500 v.Chr. versuchten erstmals Einwanderer, in Irland Fuß zu fassen, doch sie wurden in einer Schlacht von den Fomóri geschlagen. Jahrhunderte später kamen erneut Einwanderer ins Land, die den Fomóri als Knechte Dienste leisten mussten. Als sie sich dagegen wehrten, wurden sie wiederum besiegt. Nur 30 von ihnen konnten fliehen. Deren Nachfahren waren die Tuatha Dé Danann (= die Sippen der Göttin Danann), die nach Irland als tapfere Krieger und mächtige Zauberer zurückkehrten und in einer großen Schlacht die Fomóri schließlich besiegten. Aber auch die Herrschaft der Tuatha Dé Danann über Irland war nicht von Dauer. Um 1700 v.Chr. kamen die keltischen Goidelen aus Spanien nach Irland, besiegten die Tuatha Dé Danann und wurden die neuen Herren Irlands. Die Tuatha Dé Danann wurden zu Herren der Unterwelt. Sie sind die Feen und Elfen in den späteren Sagen und Legenden.

Die Unterwelt beziehungsweise »Anderswelt« (englisch »otherworld«, kymrisch »annwfn«, irisch »síd« = die Welt der Geister) spielt in irischen Sagen eine große Rolle. Sie ist der Wohnort von Elfen und Feen, den man sich wie das Schlaraffenland vorstellte: Bäume mit immer reifen Früchten, Schweinebraten und Met, der nie ausgeht. Die Anderswelt wird auch »Land der Jugend« oder »Land der Frauen« genannt. Ober- und Unterwelt sind nicht streng voneinander getrennt. Elfen und Feen besuchen die Oberwelt und einige Menschen die Unterwelt. Insbesondere die Reiseerlebnisse von Menschen in der Anderswelt sind beliebte Themen in der irischen und walisischen Dichtung. Bekannt ist »St. Brendans Seefahrt« aus dem 8. Jahrhundert: Bran mac Febail trifft in einem Königspalast auf eine Elfe, die ihm von der Anderswelt erzählt und ihm sagt, dass er dorthin gelangen könne. Bran bricht am nächsten Tag zu einer Seefahrt auf, bei der er mit seiner Mannschaft auf einer Insel der Anderswelt landet.

Von Helden, Elfen und Feen: Keltische Literatur

Sie meinen, dort nur ein Jahr zu leben, in der Welt der Menschen sind es aber viele Jahre. Die Fürstin warnt die Männer daher, als diese zurückkehren wollen, Irland zu betreten. Dort angekommen, kennen sie niemanden mehr. Einer der Männer springt über Bord und zerfällt sofort zu Staub. Bran erzählt von seiner Reise, verschwindet dann mit seinem Schiff und wurde nie mehr gesehen. Auch die Abenteuergeschichten über Cú Chulainn erzählen von seinem Aufenthalt in der Unterwelt, wo er in eine Schlacht zieht und mit der Elfe Fan einen Monat zusammenlebt – bis Cú Chulainn und seine Frau von Druiden Vergessenstränke erhalten, wodurch sie sich wieder von der Anderswelt lösen können.

Als Helden irischer Erzählungen sind vor allem Finn mac Umaill und Cormac Conn Longas zu nennen, aber der bekannteste Held von allen ist Cú Chulainn. Seine Mutter stammte aus königlicher Familie, sein Vater Lug, der das Fomóri-Ungeheuer Balor tötete, gehörte zu den Tuatha Dé Danann. Schon als Kind wurden Cú Chulainns ungewöhnliche Fähigkeiten offenbar, als er mit seinem Onkel, König Conchobar, den Schmied Culann besuchte. Als Cú Chulainn mit dem großen Hund des Schmieds unbeaufsichtigt im Hof zusammentraf, tötete er diesen mit einer Silberkugel und warf ihn anschließend an die Wand. Als der Schmied den Tod des Hundes beklagte, weil ihm jetzt dessen Schutz fehlte, übernahm Cú Chulainn diese Aufgabe und erhielt so seinen Namen (= Hund des Culainn). Cú Chulainn ist auch der Held der bekannten Sage »Der Rinderraub von Cuailnge«. Bei ihr geht es um die Rivalität der beiden Königreiche von Ulster und Connacht. Sie beginnt mit dem Machtstreit zwischen König Aillil und seiner Frau Medh am Hofe von Connacht. Königin Medh will den besten

Cú Chulainn ist der Held vieler irischer Sagen, hier dargestellt in einer Bleistiftzeichnung von John Duncan (1866–1945) im Stil der Präraffaeliten.

aller Stiere in Irland, den Donn (= Braunen) von Cuailnge (Cooley). 50 Kühe kann dieser Stier an einem Tag begatten, 50 Jungen können auf seinem Rücken spielen und 100 Krieger können unter ihm Schutz finden. Doch der Stier gehört zum Königreich Ulster. Und so rüstet Königin Medh zum Krieg gegen den König von Ulster, Conchobar. Dessen Heer befindet sich aber aufgrund eines Fluchs in einem Schwäche- beziehungsweise Schlafzustand. Obwohl der Junge Cú Chulainn das Königreich Ulster tatkräftig verteidigt, wird der Stier geraubt. Als König Conchobar und sein Heer wieder einsatzbereit sind, besiegen sie schließlich das Heer von Connacht, erhalten allerdings den Stier Donn nicht zurück. Dieser kämpft in Connacht gegen den Stier Findbennach (= den weißen Gehörnten). Donn besiegt zwar Findbennach, doch er selbst stirbt ebenfalls an den Folgen des Kampfes.

Diese literarischen Werke entstanden zunächst in Klöstern. Das änderte sich im 12. und 13. Jahrhundert, als die Literatur nun auch Sache der weltlichen Gelehrten wurde. Die Erzählungen von Finn mac Cummaillaren waren besonders beliebt, wie zum Beispiel »Die Verfolgung des Diarmaid und der Gráinne«, die erste Version des Stoffs von Tristan und Isolde. Die bardischen Dichter wie Gerald Fitzgerald oder Muireadhach Albanach O Dálaigh sahen sich in der Tradition der keltischen Barden. Im 16. Jahrhundert riefen die letzten bardischen Dichter zum Kampf gegen die Engländer auf und verspotten sie.

Die ältesten literarischen Zeugnisse Schottlands finden sich in dem »Buch des Dekans von Lismore«. Bei ihm handelt es sich um eine zwischen 1512 und 1526 von den Brüdern James und Duncan MacGregor zusammengestellte Sammlung bardischer Gedichte. Sie sind vor allem ein Lobpreis auf die jeweiligen Herrscher, da die bardischen Dichter in deren Diensten standen. Die bekanntesten sind John MacDonald (um 1625–1707), Roderick Morison, genannt An Clàrsair

Von Helden, Elfen und Feen: Keltische Literatur

Dall, »der blinde Harfner« (um 1656–1714) und der berühmteste, Alexander MacDonald (um 1695–1770).

Der keltischen Literatur von Wales verdanken wir ein Stück Weltliteratur, nämlich die bis heute gegenwärtige Sage von König Arthur und seiner Tafelrunde. Diese Überlieferung ist erhalten, weil Anglonormannen die walisische Tradition übernahmen, allerdings auch abwandelten. Wie in Irland entstand auch in den Klöstern von Wales eine vielfältige Literatur, vor allem Sammelhandschriften vom 13. bis 15. Jahrhundert. Dazu gehören zum Beispiel das »Schwarze Buch von Carmathen«, das »Buch Aneirins«, das »Buch Taliesins«, das »Weiße Buch Rhydderchs« und das »Rote Buch von Hergest«. Es handelt sich vor allem um Sagen und Märchen, auch aus dem Norden Britanniens. So taucht als einer der »Männer des Nordens« die Figur des Dichters Myrddin im Gefolge Königs Gwenddoleus auf. Myrddin ist heute eher als Merlin bekannt. Nach 1100 n.Chr. beginnt die Zeit der Fürstendichter, die den jeweiligen Herrscher priesen oder seinen Tod beklagten. Weniger umfangreich, aber inhaltlich vielfältiger ist die Prosaliteratur, zu der vor allem religiöse Schriften gehören, wie zum Beispiel das »Buch der Anachoreten« aus dem 14. Jahrhundert, aber auch historische Schriften und Erzählungen. Von den Erzählungen sind nur elf erhalten, die sogenannten Mabinogion aus dem 12. Jahrhundert, die vermutlich alle von einem einzigen Autor stammen. Dieser griff auf keltische Märchen, Sagen und Mythen zurück. Am bekanntesten sind die Arthurerzählungen. Die Mabinogion wurden erstmals im 19. Jahrhundert von Charlotte Guest übersetzt und publiziert.

Merlin in Gestalt eines Hirsches vor dem König, bei dem es sich um Gwenddoleus handeln könnte. Französische Handschrift aus dem 13. Jahrhundert.

Keltische Kultur

**Arthur und seine Tafelrunde –
ein Stück keltische Weltliteratur**

Arthur (englisch, französisch, deutsch »Artus«) ist die bekannteste Gestalt der inselkeltischen Literatur. Durch die Übernahme des Arthurstoffs auf dem europäischen Festland gingen die Arthurerzählungen in die Weltliteratur ein. Die Arthursage ist durch walisische und bretonische Erzählungen aus der zweiten Hälfte des ersten Jahrtausends überliefert. Es handelte sich ursprünglich um mündliche Überlieferungen, in denen sich Themen der damaligen Gegenwart mit Sagen, Märchen und Mythen vermischten. Diese Überlieferungen wurden von den Angelsachsen übernommen und literarisch verarbeitet. Dieser Tatsache verdanken wir die heutige Arthusliteratur. Ob es Arthur tatsächlich gegeben hat, ob er nur eine Sagengestalt oder eine Figur ist, die mehrere historische Personen als Vorbild in sich vereint – dies lässt sich heute nicht mehr feststellen. Der Überlieferung nach ist Arthur ein Heerführer oder König gewesen, der um 500 n.Chr. Britannien siegreich gegen die Invasion der Angeln und Sachsen verteidigt hat.

In der »Historia Brittonum« (9. Jahrhundert) wird Arthur ebenfalls als Heerführer geschildert, der um 500 n.Chr. zwölf Schlachten gegen die Angeln und Sachsen siegreich besteht.

Die Gedichte »Wer ist der Torwächter?« und »Die Beute Annwfns« (10. Jahrhundert) schildern Arthur als den Anführer einer Gruppe von Kriegern mit besonderen Fähigkeiten.

Zum Bestseller wurde die Arthurerzählung durch Geoffrey von Monmouth (um 1100–1154). In seinem Werk »Historia Regum Brianniae« (»Die Geschichte der Könige Britanniens«), um 1137 erzählt er die 2000-jährige Geschichte der britannischen Herrscher von den Anfängen bis hin zur Eroberung durch die Angelsachsen. Das zentrale Thema von Geoffrey aber ist der Kampf – des bei ihm zum christlichen König avancier-

Arthur und seine Tafelrunde – ein Stück keltische Weltliteratur

ten – Arthurs gegen die Angeln und Sachsen. Hauptquelle von Geoffrey ist die mündliche Überlieferung aus Wales, aber auch historische Werke wie »De Excidio Britanniae« von Gilda, die »Historia Britonnum« und die »Kirchengeschichte« des Beda.

Der Kampf Arthurs galt Geoffrey als Kampf zwischen Christentum und Heidentum sowie als Verteidigung Britanniens gegen die Sachsen. Arthur machte Eroberungen in Irland, Norwegen und Gallien und marschierte schließlich gegen Rom. Die Eroberung Roms wird jedoch durch den Verrat Mordreds, dem Neffen oder Sohn Arthurs, verhindert. Die Schlacht zwischen Arthur und Mordred, die sich Geoffrey zufolge um 542 n.Chr. ereignet haben soll, endet mit dessen Tod, während Arthur verletzt auf die Insel Avalon gebracht wird. »Die Geschichte der Könige Britanniens« ist keine Geschichtsschreibung im heutigen Sinne, sondern eine – wie zur Zeit ihrer Entstehung übliche – Mischung aus einigen historischen Fakten mit Sagen und fantasievollen Erfindungen des Autors. Geoffrey fand Nachahmer, die den Arthurstoff weitergestalteten: Der normannische Dichter Wace schrieb ein Versepos (»Roman de Brut«) um 1155 über Arthur, das dann ins Englische übersetzt wurde. In Frankreich verfasste Chrétiens de Troyes († 1190) Versromane zum Arthurstoff (»Erec et Enide«, »Lancelot ou le chevalier de la charette«, »Yvain ou le chevalier au lion« und – unvollendet – »Perceval ou le conte del graal«), in denen nicht mehr Arthur, sondern die jeweiligen Rittergestalten (Lanzelot, Iwain, Parzival) der Tafelrunde Arthurs eine Reihe märchenhafter Abenteuer bestehen.

Schließlich hat Thomas Malory († 1471) die Geschichten von König Arthur und der Tafelrunde seiner Ritter niedergeschrieben. Sein Werk erschien 1485 als Buch unter dem Titel »Le Morte Darthur« (»Der Tod Arthurs«). Es war eine Zusammenfassung des gesamten Arthurstoffs und dient der Nachwelt bis heute als Grundlage für jede neue Darstellung des Sagenstoffs, sei es als

Keltische Kultur

Der Tod des legendären Königs Arthur, Gemälde von John Mulcaster Carrick, 1862.

Roman oder Film. »Der Tod Arthurs« berichtet nicht nur über den Tod, sondern auch über das Leben König Arthurs sowie über die Ritter der Tafelrunde: Lanzelot (französisch Lancelot), der sich in Guinevere, die Frau Arthurs, verliebt; Parzival (französisch Percival), der nach dem Gral sucht; Galahad, der Sohn Lanzelots, der den Gral findet; die böse Fee Morgana, die Halbschwester Arthurs, und last but not least der Zauberer Merlin, der König Arthur mit Rat zur Seite steht.

 Hier eine Zusammenfassung der Arthursage, die allerdings je nach Version variiert: Die Geschichte beginnt damit, dass sich König Uther Pendragon in die Frau des Herzogs von Cornwall, Igraine, verliebt. Der Herzog bringt Igraine auf seine Burg Tintagel vor Uther in Sicherheit, aber der Zauberer Merlin verhilft Uther, in Gestalt des Herzogs auf die Burg zu gelangen, wo er mit Igraine Arthur zeugt, während der Herzog von Cornwall in der Schlacht fällt. Uther heiratet Igraine und verrät ihr die Wahrheit. Arthur wird Merlin übergeben. Merlin wiederum übergibt Arthur einem Adligen, der ihn als seinen Sohn aufzieht. Keiner weiß, dass Arthur der rechtmäßige Nachfolger von Uther ist, als dieser stirbt. Um dessen Nachfolger zu bestimmen, findet eine Versammlung in London statt. Auf dem Platz vor der Kirche befindet sich ein Marmorblock mit

Amboss, in denen ein Schwert steckt. Eine Inschrift besagt, dass, wer das Schwert aus Stein und Amboss herauszieht, der rechtmäßige König sei. Arthur gelingt es – im Unterschied zu allen anderen Rittern – problemlos, das Schwert aus dem Amboss zu ziehen. So wird Arthur Herrscher über England. Er versammelt fortan regelmäßig auf seinem Hof in Camelot die berühmten Ritter zu einer Tafelrunde, die auf der Suche nach dem heiligen Gral sind. Dabei müssen viele ihr Leben lassen. Zum Zeichen, dass es keine Rangfolge unter den Rittern gibt, ist der Tisch der Tafelrunde rund. Die Mitglieder der Tafelrunde gelten als Typus der vollendeten Ritterlichkeit. Ihre bekanntesten Ritter, die fast immer erwähnt werden, sind: Lancelot, Galahad (Sohn von Lancelot), Parzival, Tristan, Mordred, Keie, Bors, Iwein. Darüber hinaus werden auch Erec, Gareth, Palamedes, Geraint, Lamorak und Agravane genannt. Insgesamt wird zunächst von 150 oder auch über 300 Rittern der Tafelrunde gesprochen, in der späteren Literatur wird die Zahl auf zwölf oder 16 reduziert. Der größte Feind Arthurs ist Mordred, der zum einen als Sohn von Arthur und seiner Halbschwester Morgan le Fay (Morgan, die Fee) oder seiner anderen Halbschwester Morgause gilt und von Arthur unwissentlich gezeugt wurde. Zum anderen wird Mordred als Arthurs Neffe bezeichnet, weil er der Sohn seiner Halbschwester Morgause und des Königs Lot Luwddoc ist. Arthur heiratet Guinevere (kymrisch Gwenhwyfar, auch Ginevra), in die sich ein Ritter der Tafelrunde, Lancelot, verliebt. Eine andere Version erzählt, dass Mordred Guinevere verführt. Mordred soll auch einmal die Königsherrschaft an sich gerissen haben, als Arthur sich im Ausland befand. Schließlich kommt es zum Endkampf zwischen Arthur und Mordred, der Schlacht von Camlann. Fast alle Kampfgefährten der beiden verlieren ihr Leben. Zuletzt stehen sich Arthur und Mordred gegenüber. Mit seiner Lanze versetzt Arthur Mordred den Todesstoß, dieser kann

Keltische Kultur

Die Schlacht zwischen Arthur und Mordred, Darstellung in einem flämischen Manuskript, frühes 14. Jahrhundert.

sich aber noch einmal aufraffen und Arthur mit einem Schwerthieb am Kopf treffen. Der Ritter Bedivere versorgt den Schwerverletzten, der ihn anweist, das Schwert Excalibur ins Meer werfen, was dieser – zunächst widerstrebend – tut. Dann wird Arthur auf einer Barke mit »vielen schönen Frauen« auf die Insel Avalon gefahren. Lange Zeit hielt sich der Glaube an die Rückkehr Arthurs von der Insel Avalon.

Von den ersten Werken über den legendären König bis heute entstanden zahlreiche weitere Romane, Epen, Balladen, Chroniken und im 20./21. Jahrhundert sogar Musicals wie »Camelot«, »King Arthur«, »Merlin«, »Spamalot«, die den Stoff der Arthursage aufgreifen. In ganz Europa wurde Arthur zu einer beliebten Heldenfigur. Im deutschsprachigen Raum befassten sich im Mittelalter Hartmann von Aue, Gottfried von Straßburg (»Tristan«, 1200–1210) und Wolfram von Eschenbach (»Parzival«, 12. Jahrhundert) mit dem Arthurstoff.

In Großbritannien kann man heute eine Reihe von (vermeintlichen) Wirkungsstätten Arthurs besichtigen, wie zum Beispiel seinen Geburtsort Tintagel in der Grafschaft Cornwall, seinen Hof in Cadbury Castle in Somerset bis hin zu seinem Grab in der Abtei bei Galstonbury, das wohl auf einer Fälschung schon in mittelalterlicher Zeit beruht.

Neben Arthur wurde durch die »Geschichte der Könige Britanniens« von Geoffrey von Montmouth auch

Arthur und seine Tafelrunde – ein Stück keltische Weltliteratur

Merlin bekannt. Ein weiteres Buch Geoffreys über dessen Leben, die »Vita Merlini«, erlebte jedoch keine so große Nachwirkung wie die »Geschichte der Könige Britanniens«. In der walisischen Überlieferung war Merlin (von kymrisch »Myrrdin«) Seher und Dichter am Hofe Königs Gwenddoleu fab Ceidiaw. Er verlor in der Schlacht von Arfderydd den Verstand und floh vor dem Feind in die Einsamkeit der schottischen Wälder. Dort wurde ihm die Fähigkeit der Weissagung zuteil.

Vor allem in der Literatur der deutschen Romantik erlebte Merlin ein Comeback, so in Dorothea und Friedrich von Schlegels »Geschichte des Zauberers Merlin« (1804), in Ludwig Uhlands Gedicht »Merlin der Wilde« (1831) und in Nikolaus Lenaus »Waldliedern« (1843/44). Zuletzt hat Tankred Dorst dem keltischen Zauberer das Drama »Merlin oder Das wüste Land« (1981) gewidmet. Nach wie vor ist Merlin eine beliebte und bekannte Gestalt in der Gegenwartsliteratur, in Filmen oder Fernsehserien (»Merlin« 1998, »Merlin. Der letzte Zauberer« 2006). Zwar lässt sich Merlin ebenso wenig wie König Arthur als historische Person belegen, dennoch verweist sie zumindest in der Literatur auf die keltische Tradition.

Verbunden mit der Arhursage ist auch die Vorstellung von dem heiligen Gral (lateinisch »cratalis« = Schale, Schüssel). Der Legende nach handelt es sich bei ihm um die heilige Schale, aus der Jesus Christus beim letzten Abendmahl seinen Jüngern zu trinken gab und in der auch das Blut des Gekreuzigten aufgefangen worden sein soll. Sie ist zum christlichen Symbol und zum geheimnisvollen, auf einer Burg gehüteten, schwer erreichbaren magischen Kultgegenstand geworden, mit dessen Besitz alle Hoffnungen auf diesseitige und jenseitige Glückseligkeit verknüpft sind. Chrétien de Troyes beschreibt in seinem Buch »Die Geschichte des Gral« von 1190, wie Parzival, Ritter der Tafelrunde von König Arthur, auf der Suche nach seiner Mutter im Wald zu einer Burg gelangt, wo gerade ein

Keltische Kultur

Fest gefeiert wird. Der Burgherr Anfortas scheint ein kranker Mann zu sein. Parzival beobachtet merkwürdige Vorgänge: Eine blutende Lanze wird in den Saal hineingetragen und anschließend von einer Frau der Gral. Bei ihm handelt es sich um einen Stein, durch den der Tisch immer wieder mit Speisen und Getränken gedeckt wird. Mehrmals wiederholt sich dieser Vorgang. So sehr sich Parzival darüber wundert, stellt er aus Höflichkeit keine Fragen nach der Krankheit des Burgherrn oder nach dem Gral. Doch das war ein Fehler, denn mit Fragen hätte Parzival den Burgherrn heilen und erlösen können. Am folgenden Tag ist die Burg verlassen, nichts erinnert mehr an das Fest. Nach dieser Szene werden zunächst die Aufnahme Parzivals als Mitglied der Tafelrunde um König Arthur und dann die Abenteuer von Gawan geschildert. Gawan ist ein weiterer Ritter der Tafelrunde, der im Unterschied zu Parzival die vollkommene Ritterschaft verkörpert. Erst zum Schluss kann Parzival mit einer Frage Anfortas erlösen, sodass dieser gesund und Parzival zum Gralskönig ernannt wird.

»Tristan« ist die Liebesgeschichte von Tristan und Isolde, die buchstäblich alle Grenzen überschreitet. Die bekannteste Textfassung ist der als Fragment erhaltene Versroman von Gottfried von Straßburg, verfasst zwischen 1200 und 1210. Hier wird Tristan als Waisenkind von seinem Onkel Mark, König von Cornwall, aufgezogen. Tristan verteidigt das Königreich erfolgreich gegen Morolt, einen Gesandten aus Irland, tötet ihn, wird aber dabei verwundet. Isolde von Irland, Prinzessin und Schwester Morolts, pflegt ihn gesund. Als er zu König Mark zurückkehrt, lobt und preist er Isolde so sehr, dass der König Tristan beauftragt, in seinen Namen um sie zu werben und sie als seine Braut zu ihm zu bringen. Beide trinken von einem für Mark und Isolde gedachten Zaubertrank und verlieben sich ineinander. Nachdem sie auf frischer Tat ertappt werden, muss Tristan fliehen. Der Herzog von Anundel

Arthur und seine Tafelrunde – ein Stück keltische Weltliteratur

Gemälde »Tristan und Isolde« von John Duncan im Stil der Präraffaeliten, 1912. Die Szene zeigt die beiden, als sie den Liebestrank zu sich nehmen.

bietet ihm die Hand seiner Tochter Isolde Weißhand an. Hier bricht die Handlung des Fragments ab, ohne dass die Doppelung des Namens geklärt wird. In den Versionen von Ulrich von Türheim und Heinrich von Freiberg endet die Liebesbeziehung zwischen Tristan und Isolde mit dem Tod beider.

Kelten heute

Dieses Kapitel geht der Frage nach, was letztlich übrigblieb von der keltischen Kultur. Hier sind zunächst die keltischen Sprachen in Irland, Schottland, Wales und der Bretagne zu nennen. Auch die Keltenideologie und Keltenromantik hielten die keltische Tradition von der Zeit der Renaissance bis zur Gegenwart lebendig. Heutzutage sind es vor allem die Neukelten (oder Neokelten), die eine Wiederbelebung der keltischen Religion erreichen möchten. Hier stellt sich jedoch die Frage, wie viel an dieser Religion tatsächlich keltisch ist oder nicht.

Man spricht keltisch: Sprache als keltisches Erbe
Die keltischen Sprachen heute teilen sich auf in die goidelische Sprachgruppe mit den Sprachen Irisch, Gälisch und Manx und die britannische Sprachgruppe mit den Sprachen Kymrisch, Kumbrisch, Kornisch und Bretonisch. Die heute noch in Irland, Schottland, Wales und der Bretagne gesprochenen keltischen Sprachen belegen die Präsenz keltischer Tradition in der Gegenwart. Die Geschichte der Inselkelten wurde bereits ausführlich bis zur Gegenwart behandelt. Jetzt soll aufgezeigt werden, dass es bei den Bewegungen der Rückbesinnung und Bewahrung keltischer Kultur vor allem um den Erhalt keltischer Sprachen ging – und immer noch geht. Denn das Gemeinsame der heute als »keltisch« geltenden Länder Irland, Schottland, Wales und der Region Bretagne sind ihre keltischen Sprachen. Allerdings blieb sie außerhalb der jeweiligen Länder beziehungsweise der Region unbekannt und entwickelte sich nie zu einer Nationalsprache. In Wales blieb die kymrische Sprache erhalten, da die Einwohner aufgrund des wirtschaftlichen Aufschwungs in der Zeit der Industrialisierung einen Grund hatten, im Land zu bleiben. In Irland hingegen kam es aufgrund von Hungersnöten im 19. Jahrhundert zu einer umfangreichen Auswanderung der Bevölkerung. Sie hatte nicht nur eine Auflösung der traditionellen Gesellschaft zur Folge,

---

Keltische Stadtgründungen:
Bern (nach dem keltischen Namen Brennus), Bologna, Brescia, Bregenz, Genf, Mailand (Mediolanum), Lausanne (Lousonna), Parma, Verona, Wien (Vindobona), Zürich (Turicum).

Städtenamen, die sich von keltischen Stammesnamen ableiten:
Paris (Parisii), Reims (Remi), Sens (Senones), Bourges (Bituriges), Chartres (Carnuti), Trier (Treveri).

Man spricht keltisch: Sprache als keltisches Erbe

sondern aufgrund der Verschmelzung mit der britischen Kultur auch einen deutlichen Rückgang der irischen Sprache. Auch in Schottland und in der Bretagne kam es zu einem Rückgang der keltischen Sprachen. Seit dem 20. Jahrhundert wird versucht, durch die Präsenz keltischer Sprachen in den Medien und im Schulunterricht ihrem Rückgang entgegenzuwirken. Eine sowohl politische wie auch romantische Rückbesinnung auf die keltischen Sprachen ist bis heute zu beobachten.

Die zweisprachigen Straßenschilder in Kenmare verwirren Touristen, zeigen aber die Präsenz der keltischen Vergangenheit in Irland.

Das irische Nationalbewusstsein wurde nicht zuletzt auch durch das aufkommende – zunächst romantische – Interesse an keltischer Geschichte gestärkt. Zunächst beschäftigten sich vereinzelt katholische Gelehrte wie Dubhaltach Mac Fhir Bhisigh, John Lynch und Roderick O'Flaherty im 17. Jahrhundert mit der altirischen Literatur. Infolge der im 18. Jahrhundert in ganz Europa beliebten »Werke Ossians«, auf die nachfolgend eingegangen wird, wuchs auch das Interesse an der irischen Geschichte aufseiten der irischen Protestanten. Die 1785 gegründete Royal Irish Academy wurde im 19. Jahrhundert zum Zentrum für die Erforschung irischer Geschichte und Kultur. Franz Bopp, Begründer der indogermanischen Sprachwissenschaft, ordnete in einem Vortrag 1838 die keltischen Sprachen in die indogermanische Sprachfamilie ein. Begründet wurde die Keltologie, die Wissenschaft von den Kelten, schließlich von Johann Kaspar Zeuss (1806–1856) mit seiner »Grammatica Celtica« (»Keltische Grammatik«, 1853). Begründer der Keltologie in Irland ist Kuno Meyer (1858–1919), der zusammen mit anderen die »Zeitschrift für celtische Philologie« und das »Archiv

Städtenamen, die auf keltische Bezeichnungen zurückgehen: Ankara, Andernach, Bergamo, Belgrad, Bonn, London, Mainz, Pressburg, Rimini, Stradonitz, Trient, York, Worms.

Keltische Flussnamen: Donau, Isar, Main, Neckar, Rhein, Ruhr.

Kelten heute

für Celtische Lexikographie« herausgab. Ihm ist ebenfalls die Entstehung der School of Irish Learning 1903 zu verdanken, aus der sich 1940 die School of Celtic Studies des Dublin Intitute for Advanced Studies entwickelte. Sie widmet sich der Erforschung keltischer Sprache, Kultur und Geschichte.

Ab dem 17. Jahrhundert verbreitete sich die englische Sprache immer stärker in Irland, während das Irische zurückging. Im 19. Jahrhundert nahmen die Bestrebungen zu, die irische Sprache zu erhalten und irischsprachige Literatur zu fördern. Den Anfang machte die Gründung der Gesellschaft zur Bewahrung der irischen Sprache 1876, es folgten die Gründungen der Gälischen Union und der Gälischen Liga. Eine Reihe von Autoren wie beispielsweise Séamas MacAnnaidh schreiben auch heute noch ihre Werke in irischer Sprache, aber ob sie weiterhin bestehen wird, ist ungewiss.

In Wales waren es die Humanisten im 16. Jahrhundert, die sich als Erste wissenschaftlich mit der Geschichte und Kultur des Landes beschäftigten, vor allem mit ihrer Sprache und Literatur. Sie sammelten walisische Handschriften, erstellten Wörterbücher der kymrischen Sprache, übersetzten die Bibel ins Kymrische oder schrieben über die Geschichte von Wales. Nicht zuletzt aufgrund der Bibelübersetzung wurde das Kymrische zur Schriftsprache. Im 18. Jahrhundert erfolgten die Gründungen der Honourable Society of Cymmrodorion, der Gwyneddigion oder Cymreigyddion, die sich als Vereinigungen hauptsächlich mit der Sprache, Literatur und Kultur von Wales beschäftigten. Der Natur- und Geisteswissenschaftler Edward Lhuyd schuf mit seiner »Archaeologia Brtiannica«, deren erster Band 1707 erschien, Grundlagen für die Wissenschaft der walisischen Kultur und Sprache.

In der Bretagne erhielt sich eine Sprachgrenze zwischen dem Ost- und Westteil des Landes bis ins 19. Jahrhundert: Im Westen sprach man überwiegend bretonisch, im Osten französisch. Schließlich gewann das Französische auch im Westen zunehmend an Bedeutung. Seit der Neuzeit bestand die bretonische Literatur hauptsächlich aus religiösen Texten. Ende des 18. Jahrhundert stießen die »Werke Ossians« von dem schottischen Autor James Macpherson auch in der Bretagne auf große Begeisterung. Eine Folge von ihr war die Gründung der Académie Celtique in Paris 1805, die vor allem Sammlungen bis dahin nur mündlich überlieferter Balladen, Lieder und Märchen, aber auch ein Wörterbuch und eine Grammatik des Bretonischen herausgab. Ferner trug die Gründung der Zeitschrift »Gwalarn« (deutsch »Nordwest«) des Bretonen Roparz Hémon zu einer Rückbesinnung auf keltische Tradition und zur Bildung einer eigenen Identität in Abgrenzung zu Frankreich bei.

Renaissance der Kelten: Keltenromantik und Keltenideologie

Von der Renaissance (14. bis 17. Jahrhundert) bis heute erfuhren und erfahren die Kelten eine »Wiedergeburt«. Im Zuge der Entdeckung der Antike erwachte auch das Interesse an den Kelten. Als Grundlage dafür dienten die Werke antiker Autoren (vor allem Caesar), archäologische Funde zum Beispiel von Hallstatt oder La-Tène kamen erst im 19. Jahrhundert hinzu. Offene Fragen, zum Beispiel welche Funktion die Druiden besaßen, wurden mit viel Fantasie beantwortet, sodass es zu falschen Interpretationen und Rückschlüssen kam. Stonehenge als angeblich keltisches Heiligtum und ehemaliger Versammlungsort der Druiden ist eine der bekanntesten dieser Fehldeutungen. Romantisches und wissenschaftliches Interesse vermischten sich häufig. Doch aus der Keltenbegeisterung heraus entstand auch die Wissenschaft von den Kelten, die Keltologie. Und als die Sprachwissenschaft das Irische, Walisische und Schottische der keltischen Sprachfamilie zuordnete, erfolgte im 19. Jahrhundert die nationale Identifikation der Iren, Schotten und Waliser mit kelti-

Kelten heute

Der schottische Schriftsteller James Macpherson (1736–1796) löste mit seinen »Werken Ossians« die erste große Begeisterung für die Kelten aus. Das Porträt stammt von George Romney, 1779/80.

scher Tradition auf breiter Ebene.

Der Mann, der mit seinen »The Works of Ossian« (»Die Werke Ossians«, 1760–1765) die erste regelrechte »Keltenwelle« auslöste, war James Macpherson (1736–1796). Sogar Goethe oder Napoleon, die sein Buch lasen, wurden zu Keltenfans. Der fiktive Autor der 1765 erschienenen – angeblich aus dem Gälischen ins Englische übersetzten – Gedichte aus dem 3. Jahrhundert n.Chr. ist der keltische Barde Ossian, Sohn Königs Fingal. Nach dem Tod seines Sohnes Oscar zieht er mit seiner Schwiegertochter Malvina als blinder, alter Mann durch das schottische Hochland und besingt als Barde die Taten, Kämpfe und Schicksalsschläge der Helden aus der Zeit seines Vaters. Da »Die Werke Ossians« dem Zeitgeschmack entsprachen und die Naturbegeisterung des 18. Jahrhunderts ausdrückten, hatten sie nicht zuletzt deshalb großen Erfolg. Goethe lässt in seinem Roman »Die Leiden des jungen Werther« (1774) den Protagonisten bekennen: »Ossian hat in meinem Herzen den Homer verdrängt.« Der Erfolg der »Werke Ossians« ließ auch dann nicht nach, als bekannt wurde, dass die Gedichte weder aus dem 3. Jahrhundert n.Chr. noch von dem Barden Ossian stammten, sondern dass Macpherson sie selbst – unter Rückgriff auf 16 schottisch-gälische Textfragmente – verfasst und sie auch nicht aus dem Gälischen übersetzt, sondern direkt auf Englisch geschrieben hatte. Später dann wurden die Gedichte vom Englischen ins Gälische übersetzt.

Renaissance der Kelten: Keltenromantik und Keltenideologie

Walter Scott (1771–1832) sorgte mit seinen literarischen Werken ebenfalls für eine wachsende Begeisterung für Schottland. Sie orientieren sich an thematisch an der Geschichte und Tradition des Landes, wie zum Beispiel die Verserzählung »The Lady of the Lake« (1810), in der er Motive aus der Arthursage aufgreift, und die Romane »Waverly« (1814), »Rob Roy« (1817) oder »Redgauntlet« (1824). Die Handlung von »Waverly« spielt während der Zeit des Jakobitenaufstandes 1745, »Rob Roy« erzählt die Geschichte von Rob Roy, der in den schottischen Highlands als eine Art Robin Hood bekannt wurde, und »Redgauntlet« beschreibt eine fiktive dritte Jakobitenrebellion.

Die von Macpherson und Scott entfachte Schottlandbegeisterung führte zur Gründung einer Reihe von Gesellschaften im 18. Jahrhundert, die sich bis heute mit schottischer Sprache und Kultur befassen, wie zum Beispiel die Gaelic Society of London (1777), die Highland Society of Scotland (1784) oder die Highland Association (1891). Erwähnenswert ist auch die Gründung des ersten Lehrstuhls für Keltologie an der Universität von Edinburgh 1882.

Neben dem wissenschaftlichen Interesse an der schottischen Geschichte wuchs vor allem das romantische Interesse, bei dem historische Fakten weniger berücksichtigt wurden. Berühmtestes Beispiel dafür ist der Kilt, der knielange »Schottenrock« mit Karomuster. Im schottischen Hochland wurden zwar ab dem 16. Jahrhundert Plaids (Wolldecken) als Schulterdecken (»belted plaids«) mit Karomuster getragen, ein Rock war aber nicht üblich. Der Kilt wurde erst um 1730 erfunden, und zwar von einem Engländer: Thomas Rawlinson. Dieser führte ihn als Arbeitsbekleidung für die Arbeiter in seinem Stahlwerk ein. Der Kilt fand schnell weite Verbreitung, vor allem die adlige Oberschicht und die Bewohner des Tieflandes übernahmen ihn als Symbol nationaler Identität. So entwickelte er sich schließlich zum keltisch-schottischen

Kelten heute

Nationalsymbol. Daher wurde das Tragen von Kilt und Plaid mit Tartan den Schotten nach ihrer Niederlage in der Schlacht von Culloden von 1746 verboten. Das Verbot wurde 1782 wieder aufgehoben. Ist der Kilt relativ jung, so ist der für ihn typische Tartan dagegen wesentlich älter. Ein Tartan ist ein bestimmtes Webmuster, nämlich das Karomuster, das durch die Verwendung von Fäden verschiedener Farben entsteht. Der älteste Textilfund Schottlands mit Karomuster stammt aus dem 3. Jahrhundert v.Chr. und entstand durch die Verwendung schwarzer und weißer Schafwolle. Eine »Erfindung« der Keltenromantik des 19. Jahrhunderts war die Vorstellung, dass jeder Clan sich durch ein bestimmtes Karomuster auszeichnet.

Die Keltenromantik erfasste auch das europäische Festland. So gaben die bekanntesten Märchensammler im deutschsprachigen Raum, die Brüder Jacob und Wilhelm Grimm, 1826 ein Buch über »Irische Elfenmärchen« heraus. In diesen Märchen wurden die Elfen genau beschrieben: Sie besaßen eine schöne, durchsichtige Körpergestalt, waren relativ klein, trugen eine weiße silbern glänzende Kleidung und als Kopfbedeckung Fingerhutblüten.

Die Keltenromantik in der Literatur setzt sich bis heute fort. So beeinflussten »Die Werke Ossians« die Balladen des englischen Dichters Alfred Tennyson (1809–1892). Der Ire William Butler Yeats (1865–1939) betont in seinem Werk »Die keltische Dämmerung« (The Celtic Twilight) die Natur als Lebewesen, so wie sie seiner Meinung nach von den Kelten gesehen wurde. Und sein Landsmann James Joyce (1882–1941) schrieb neben seinem berühmten Werk »Ulysses« den Roman »Finnigan's Wake«, der von dem altirischen »Finnzyklus« beziehungsweise »Ossianischen Zyklus« inspiriert war.

Keiner von ihnen war jedoch so erfolgreich wie John Ronald Reuel, kurz J.R.R., Tolkien (1892–1973). Er greift in seiner 1954/55 erschienenen Romantrilogie

Renaissance der Kelten: Keltenromantik und Keltenideologie

»The Lord of the Rings« (»Der Herr der Ringe«, 1969/70) auf inselkeltische Überlieferungen und Erzählungen zurück. Als Professor für englische Literatur des Mittelalters an der Universität Oxford war er mit den inselkeltischen Sprachen vertraut. Daher finden sich Elemente des Mittelkymrischen in seinen extra von ihm für die Romanfiguren entwickelten Kunstsprachen. Topos seiner Trilogie »Der Herr der Ringe« ist der Kampf zwischen Gut und Böse. In mehreren großen Schlachten kämpfen unter Führung des zukünftigen Königs Aragon und des Zauberers Gandal die Bewohner des Kontinents Mittelerde (Menschen, Zwerge u.a.) gegen das Heer des Bösen (den Orks u.a.) unter Führung von Sauron, dem »dunklen Herrscher«. Mit Lust am Detail beschreibt Tolkien seine fiktive Welt, ihre Geografie, Geschichte, Sprachen und Mythen. Die Handlung beginnt damit, dass der Hobbit Frodo Beutlin beauftragt wird, einen Ring, den er erhalten hat und der sehr machtvoll ist, zu vernichten. Zu diesem Zweck muss er ins Land des Herrschers des Bösen, Sauron, reisen, der diesen Ring an sich reißen will, um wieder zu seiner alten Kraft zu gelangen. Nach vielen Abenteuern und Schlachten kann Frodo schließlich seinen Auftrag erfüllen und den Ring vernichten, sodass das Gute über das Böse siegt. »Der Herr der Ringe« wurde noch bekannter durch die mit den sogenannten Oscars ausgezeichneten drei Verfilmungen unter Regisseur Peter Jackson: »Die

Vor allem die Filme machten J.R.R. Tolkiens Romantrilogie »Der Herr der Ringe« populär. Die Figur des Zauberers Gandal entspricht rundum der Vorstellung von dem Aussehen eines Druiden, Poster.

Kelten heute

Gefährten« (2001), »Die zwei Türme« (2002) und »Die Rückkehr des Königs« (2003).

Die Comicfigur Asterix kann als der heute wohl unangefochten bekannteste Kelte gelten. Der Erfolg begann im Jahre 1961 mit »Astérix le Gaulois« (Asterix der Gallier), dem ersten von insgesamt 34 Bänden der Comicreihe. Dieser Erfolg ist dem Duo René Goscinny (1926–1977) als Textautor und Albert Uderzo als Zeichner (*1927) zu verdanken, die mit »Asterix« gegenüber den amerikanischen Comicserien eine eigene französische Comicfigur kreieren wollten. »Im Jahre 50 v.Chr. ist ganz Gallien von den Römern besetzt. Ganz Gallien? Nein, ein kleines Dorf von unbeugsamen Galliern hört nicht auf, den Eindringlingen Widerstand zu leisten.« So beginnt jede der Abenteuergeschichten des zwar kleinen, aber pfiffigen Asterix und seines großen, aber einfältigen Freundes Obelix, die den Widerstand eben dieses Dorfes gegen die Römer verkörpern. Seine Krieger verfügen durch den Zaubertrank des Druiden Miraculix (französisch Panoramix) über ungewöhnlich große Kräfte. Die Anlehnung an historische Fakten, eine satirisch-humorvolle Handlung und herausragende Zeichnungen – das war und ist das Erfolgsrezept dieser Comicreihe, die in 60 Sprachen übersetzt wurde und in der lateinischen Übersetzung sogar im Schulunterricht gelesen wird. »Asterix« wurde außerdem

Asterix, der wohl populärste Kelte mit seinem Freund Obelix.

Renaissance der Kelten:
Keltenromantik und Keltenideologie

Die Gruppe Celtic Woman, zu der vier irische Künstlerinnen gehören, hat seit ihrer Gründung 2004 internationale Popularität erreicht. Ihr Repertoire reicht von traditioneller »keltischer« Musik über Rock- und Popmusik bis zur Klassik.

mehrfach verfilmt, sowohl als Trickfilm wie auch mit Schauspielern (z.B. »Asterix gegen Caesar« oder »Asterix und Obelix – Mission Kleopatra« mit Gérard Depardieu als Obelix).

Doch nicht nur in der Literatur, auch in der Musik sind die Kelten bis heute beliebt. Angefangen von der irisch-keltischen oder schottisch-keltischen Volksmusik – deren Ursprünge jedoch nur bis ins Mittelalter zu verfolgen sind – bis hin zur aktuellen Pop- und Rockmusikszene.

Zu den bekanntesten Vertretern der keltischen Pop- und Rockmusikszene aus Irland gehören Rory Gallagher in den 1960er-Jahren, die Gruppe U2, The Cranberries, Sinéad O'Connor, Enya und die Gruppe Celtic Woman, ferner die Kanadierin Loran McKennitt und der Spanier José Angel Hevia sowie die unzähligen Gruppen, die in Kneipen, bei Festivals und Konzerten spielen.

Kelten spielen auch in der Oper eine Rolle, zum Beispiel bei »Norma« von Vincenzo Bellini (Libretto Felice Romani), die 1831 uraufgeführt wurde. Die Handlung spielt im von Römern besetzten Gallien. Die Gallier warten auf ein Zeichen ihrer Druidin Norma, ob und wann die Göttin Irminsul (eine germanische Göttin!) mit dem Angriff auf die Römer einverstanden ist. Doch

Kelten heute

Halloween, dessen Ursprung keltisch sein soll, erfreut sich auch in Deutschland großer Beliebtheit. In der Nacht zum 1. November werden dann Partys in Hexen-, Vampir- oder Skelettverkleidungen gefeiert.

Norma befindet sich in einem inneren Konflikt, denn sie liebt den Römer Pollione, der wiederum jedoch die Druidennovizin Adalgisa liebt. Obwohl die Handlung ein Stück keltischer Geschichte aufgreift, entspricht sie dem eher dem Bild der Keltenromantik als der historischen Realität.

Ferner tragen Feste dazu bei, dass die Kelten nicht in Vergessenheit geraten. Allen voran ist heute – als vermeintlich keltisches Erbe – Halloween sowohl in den USA als auch in Europa populär geworden. Halloween (Abkürzung für »All Hallow's Eve« = Allerheiligenabend) wird am Abend vom 31. Oktober auf den 1. November gefeiert. Ebenso wird Beltaine am 1. Mai gerne als Beispiel für das keltische Frühlingsfest angeführt. Historisch gesehen lässt sich jedoch keine Kontinuität dieser Feste von der vorchristlichen Zeit bis heute feststellen. Ging der schottische Ethnologe und Religionswissenschaftler James George Frazer in seinem Werk »Der goldene Zweig« von 1890 noch von einem keltischen Ursprung dieser Feste aus, so ist dies inzwischen wissenschaftlich widerlegt. Frazer kennzeichnet die Feste als Termine, an denen das Vieh für den Winter in die Ställe (Halloween) beziehungsweise für den Sommer auf die Weiden (Beltaine) geführt wurden. Beide Feste sollen – nach Frazer – mit Freudenfeuern begangen worden sein. Halloween sah er

Renaissance der Kelten: Keltenromantik und Keltenideologie

zugleich als das Neujahrsfest der Kelten an. Obwohl Frazers Theorien inzwischen widerlegt sind, halten sie sich bis heute in der breiten Öffentlichkeit als historische Fakten.

Das Halloweenfest, wie wir es heute kennen, hat seinen Ursprung in Feiern, die im 16. Jahrhundert im Zuge der Keltenrenaissance in Irland, aber auch in Schottland und England in Mode kamen und mit Feuern (»bonfires«) begangen wurden. Im 19. Jahrhundert gelangte Halloween mit irischen Auswanderern in die USA und erfreute sich dort im Laufe der Zeit immer größerer Beliebtheit. Seit den 1990er-Jahren hat es sich auch in europäischen Staaten wie Frankreich, Österreich oder Deutschland eingebürgert. Von kirchlicher Seite wird der spaßige Umgang mit dem Unheimlichen und dem Spuk als okkult abgelehnt, ebenso die Konkurrenz zu den Festen Allerheiligen und St. Martin. Denn ähnlich wie an St. Martin ziehen Kinder mit der nicht ernstgemeinten Drohung »Süßes oder Saures« von Haus zu Haus, um Süßigkeiten zu sammeln, während als Gespenster und Geister verkleidete Jugendliche Halloweenpartys feiern. Zum Symbol von Halloween ist der ausgehöhlte, mit einer Kerze von innen beleuchtete Kürbis geworden. Als fiktive Projektion und Teil der Keltenromantik ist das Phänomen

Autoren der Keltenrenaissance und des neuen Keltentums	
James Macpherson (»Die Werke Ossians«)	1736–1796
Walter Scott (»The Lady of the Lake«, »Waverly«, »Rob Roy«, »Redgauntlet«)	1771–1832
Alfred Tennyson (Balladen)	1809–1892
William Butler Yeats (»Die keltische Dämmerung«)	1865–1939
James Joyce (»Finnigan's Wake«)	1882–1941
John Ronald Reuel Tolkien (»Der Herr der Ringe«)	1892–1973
René Goscinny (»Asterix«)	1926–1977
Albert Uderzo (»Asterix«)	*1927
Marion Zimmer Bradley	1930–1999

Halloween jedoch durchaus für die Forschung von Interesse.

Die Nebel von Avalon: Neue Kelten und Druiden
Das Druidentum beziehungsweise die Druidenreligion lebt! Seit 2010 ist sie in Großbritannien als eigenständige Religion anerkannt, die dem Christentum gleichgestellt ist. Damit ist die als Druiden-Netzwerk organisierte Religion als gemeinnützig eingestuft und erhält Steuervorteile. »Wir haben uns nicht deswegen um den Status beworben, sondern weil wir es aus rechtlichen Gründen mussten«, erklärte der Vorsitzende Phil Ryder der BBC (»Der Spiegel« vom 3.10.2010). 10 000 Mitglieder mit steigender Tendenz soll die neue Religionsgemeinschaft zählen. Die Verehrung von Naturgottheiten sei eine »religiöse Aktivität«, so die für die Entscheidung zuständige Charity Comission. Voraussetzung für eine Anerkennung als eigene Religion sei die Ernsthaftigkeit des Glaubens und die Moral der Gemeinschaft (»Der Spiegel« vom 3.10.2010). Ryder begrüßte die Entscheidung als »neue Gültigkeit« einer alten Tradition. Die Anhänger der Druidenreligion sehen sich in der Kontinuität der alten keltischen Religion, einer Kontinuität, die nach Ansicht ihrer Mitglieder ohne Unterbrechung bis heute besteht. So tragen die Mitglieder meist Bärte und eine Kutte – eben so, wie es

Eine Druidenzeremonie vor der Steinkreisanlage in Stonehenge heute.

der landläufigen Vorstellung von einem Druiden entspricht. Es werden die Naturkräfte wie Blitz und Donner, Flussgeister oder die Sonne durch Gebete, Opfer etc. verehrt. Die Mitglieder versammeln sich regelmäßig am Steinkreis von Stonehenge, der ihnen als als keltische Kultstätte gilt.

Bereits 1781 wurde ein Druidenorden in London gegründet, der Ancient Order of Druids (AOD). Henry Hurle und seine Freunde verfolgten mit ihrer Gründung das Ziel einer Rückbesinnung und Wiederbelebung keltischer Religion und Tradition. Von diesem Orden spaltete sich 1964 der Order of Bards, Ovates and Druids (OBOD) ab, der von Ross Nichols gegründet wurde. Er ist die heute bedeutendste und größte neukeltische Vereinigung mit den meisten Mitgliedern. In seinem Webauftritt werden die Druiden wie folgt beschrieben: »Die Druiden waren sowohl Magier und Dichter als auch Ratsmitglieder, Heiler, Schamanen und Philosophen. In früherer vorkeltischer Zeit errichteten sie Steinkreise und verehrten die Natur mit ihren vielen Facetten. Später verwoben die Kelten diese inspirierende Esoterik und die mathematischen und technischen Fähigkeiten dieser steinzeitlichen Völker mit ihrer eigenen aufblühenden Kultur und ihren Weisheitstraditionen. Somit entstand das Druidentum, wie es von den Griechen und Römern beschrieben wurde.« (www.druidnetwork.org) Die Ziele des Ordens werden so formuliert: Das Druidentum »basiert auf dieser Liebe zur Natur und bietet einen kraftvoll Weg zum Verständnis des eigenen Selbst in Verbindung mit der Natur; ein Weg, der alle Seiten der eigenen Seele und des Selbst reflektiert und mit den Elementen, den Sternen, der Sonne und den Steinen in Einklang bringt. Mithilfe der Arbeit der Druiden können wir unser natürliches, erdgebundenes Selbst mit dem spirituellen Selbst vereinigen und, wenn auch in geringem Maße, zum Erhalt unseres Planeten beitragen. (...) Der Orden hat zwei Hauptaufgaben: Primär gilt es, dem Individuum zu helfen, sein eigenes spirituelles, intellektuelles, emotionales, physisches und künstlerisches Potenzial, auszuschöpfen. Sekundär gilt es, mit der Natur zu arbeiten, sie zu achten, zu schützen und mit ihr in ganzheitlicher Weise zusammenzuarbeiten, sowohl auf esoterischer wie auch auf exoterischer Ebene.« (www.druidnetwork.org) Um dies zu erreichen, bietet der Druidenorden ein Kursprogramm an: »Der Kurs ist in drei Grade oder Stufen unterteilt: Die Barden, Ovaten und Druiden. Jeder Grad hat seine eigene rituelle Initiation, die Zuhause allein ausgeführt werden kann oder gemeinsam in einem Grove.« (www.druidnetwork.org)

Als Beispiel auch für die anderen neukeltischen Vereinigungen sei hier kurz der Order of Bards, Ovates and Druids näher beschrieben: Jeder Interessierte kann Mitglied werden. Die Mitgliedschaft umfasst ein weites Spektrum von der aktiven Teilnahme an den Veranstaltungen bis hin zur passiven Mitgliedschaft via Internet. Die Veranstaltungen können gesellschaftliche Zusammenkünfte, Studienseminare oder religiöse Feste sein. Die religiösen Praktiken reichen von schamanistischen Sitzungen, Meditationen bis hin zur Feier der Feste des Jahreskreises mit Opfergaben wie Pflanzen oder Weihrauch. Die Treffpunkte an verschiedenen Orten und zu verschiedenen Anlässen werden über das Internet bekanntgegeben.

Hierarchisch gegliedert ist der Order of Bards, Ovates and Druids nur in Bezug der Ausbildung zum Druiden. Sie unterscheidet die Stufen des Barden, Ovaten und Druiden. Diese Unterteilung ist historisch nicht belegt. Auch die Tatsachen, dass man den Druiden als Schamanen auffasst, ist nicht belegt und ein Phänomen des Neukeltentums. Die keltische Vergangenheit bietet dabei den Weg zur individuellen Selbsterkenntnis und Selbstverwirklichung.

Neben dem Order of Bards, Ovates and Druids gibt es eine fast unüberblickbare Zahl kleinerer Vereinigun-

Die Nebel von Avalon: Neue Kelten und Druiden

gen. Die wichtigsten sind: der Ancient and Archaeological Order of Druids, A Druid Fellowship (ADF) und British Druid Order (BDO) in Großbritannien, der Ancient Order of Druids in America (AODA) und Reformed Druids of North America (RDNA) in den USA und Kanada, der Orden vom Steinberg und die Keltisch-germanische Religionsgemeinschaft in Deutschland. Das gemeinsame Ziel aller dieser Druidenorden in den verschiedenen Ländern ist die Wiederbelebung und Ausübung der Druidenreligion in ähnlicher Weise wie beim Order of Bards, Ovates and Druids. Außerdem ist noch die dem Freimaurertum und weniger dem neukeltischen Bereich zuzuordnende International Grand Lodge of Druidism (IGLD) zu erwähnen. Sie wurde im Jahre 1908 nach dem Vorbild des Ancient Order of Druids gegründet. Die entsprechende deutsche Loge ist der Deutsche Druiden-Orden VAOD (VAOD = Vereinigter Alter Orden der Druiden). Der Name soll vor allem auf Wissenschaft, Naturverbundenheit und Weisheit hinweisen, die für die Loge eine große Rolle spielen. Erklärte Ziele sind – wie in anderen Freimaurerlogen – Humanität, Toleranz, die Einhaltung der Menschenrechte und die Freundschaft unter den Logenmitgliedern. Einen Überblick über die Druidenszene gibt das Internetportal des sich als Vereinigung der Druidengruppen verstehende Druid Network: www.druidnetwork.org.

Wie kann dieses neue Druidentum religionswissen-

Der Großdruide Gwenc'hlan Le Scouezec (Mitte) führt eine Prozession anlässlich des jährlich stattfindenden Druidentreffens in der Bretagne an.

schaftlich eingeordnet werden? Da es von den historischen Druiden der Antike selbst keine Zeugnisse gibt, belegen nur die antiken Autoren ihre Funktion. Alle Einzelheiten zu den Druiden, die zum Beispiel Caesar schildert, sind fragwürdig. Obwohl die Druidenreligion heute nicht der historischen Religion der Kelten entspricht, ist durch sie das Thema Kelten nach wie vor präsent und durchaus ernst zu nehmen.

Religionswissenschaftlich gesehen ist die Druidenreligion dem Neukeltentum zuzuordnen. Neukeltentum und Neugermanentum werden unter dem Begriff »Neuheidentum« zusammengefasst. Diese Richtung bezeichnet sich selbst als »Erdreligion«, »alte Religion« oder »westlicher Weg« (gemeint sind damit die alte germanische und die keltische Religion), ordnet sich selbst allerdings nicht der Esoterik zu. Dennoch sprechen die großen Ähnlichkeiten und Vermischungen für eine Einordnung in die Esoterik.

Zur Erklärung der Einordnung des Neuheidentums in die Esoterik sei hier auf kurz auf die Esoterik und ihre Kennzeichen, die auch auf das Neuheidentum zutreffen, eingegangen. Der Begriff »Esoterik« leitet sich von dem griechischen Wort »esoterikos« (= innerlich) ab. Ursprünglich und im engeren Sinn bezieht sich »Esoterik« auf das Geheimwissen und die Geheimlehre (d. h. die Arkandisziplin) eines engeren, elitären Kreises von »Eingeweihten«. In der Antike wurde sie meist auf Philosophenschulen bezogen. Esoterik meint aber auch die innere, religiöse, spirituelle Erfahrung. Daher ist das heutige Schlagwort »Esoterik« als Bezeichnung für eine neue oder alternative Religiosität zu verstehen. Ähnlich wie der Begriff »Spiritualität« wurde »Esoterik« zum Ersatzwort für »Religion«, wobei die Aspekte der undogmatischen, subjektiven, individuellen, inneren religiösen Erfahrung betont werden – in Abgrenzung zur offiziellen, dogmatischen, »exoternen« (nach außen gerichteten) Religion. Gegenüber der offiziellen Religion stehen bei der neuen Religiosität das Erleben und die Erfahrung der Selbstfindung und Selbstverwirklichung sowie die Einheit des Menschen mit sich selbst (Körper und Seele) sowie mit der Welt und dem Kosmos im Vordergrund. Ein weiteres Kennzeichen der Esoterik ist die Pluralität der verschiedene kulturellen Traditionen und Religionen und der damit verbundene Rückgriff auf verschiedene kulturelle Traditionen und Religionen, eben auch die der Kelten und Germanen.

Die Themen und Interessensgebiete, die von der Esoterik angesprochen und in spezifischer Weise aufgenommen werden, sind folgenden Bereichen zuzuordnen: Heil und Heilung für Körper und Seele (Gesundheit, Psychologie, alternative Medizin, Schamanismus bis hin zu Wellness), Natur und Ökologie (mit dem Ziel der Einheit von Mensch und Natur), fremde Kulturen und Religionen und Spiritualität.

Ziel der Esoterik ist die Erkenntnis der inneren Zusammenhänge zwischen Mensch, Welt und Kosmos sowie der Welt des »Geistes« hinter den äußeren Erscheinungen – kurz, wie Goethe es formulierte, dessen, »was die Welt im Innersten zusammenhält«. Dabei geht es um die Einheit von Mensch, Welt und Kosmos beziehungsweise Natur, die Veränderung und Erweiterung des Bewusstseins beziehungsweise der Persönlichkeit und entsprechend die Weiterentwicklung und Vollendung der eigenen Persönlichkeit.

Zur »Erdreligion« kann man Neuheidentum, Wiccakult (moderner Hexenkult) und Neuschamanismus rechnen. Der traditionelle Schamanismus ist ein religiöses Phänomen bei den Naturvölkern, das von der Esoterik übernommen und als Neuschamanismus zu einer spirituellen, individuellen Heilungstherapie entwickelt wurde. Im Unterschied dazu gehört zu den Aufgaben des traditionellen Schamanen vor allem die Begleitung der Seelen und, aber nicht ausschließlich, die Krankenheilung. Gemeinsam und kennzeichnend für die Erdreligion ist der starke Bezug zur Natur. Die Begegnung und Einheit mit der Natur soll über Selbst-

Kelten heute

erkenntnis und Bewusstseinserweiterung zur Vollendung der Persönlichkeit führen. Welt und Natur, alles steht in einem Zusammenhang, alles ist belebt durch eine universale Lebenskraft. Das Leben generell und letztlich die Natur gelten als heilig. Eine wichtige Rolle für das Neuheidentum spielt in diesem Zusammenhang die Große Göttin, die für Weiblichkeit und Fruchtbarkeit steht und der Gehörnte Gott, der Fruchtbarkeit, Natur und Tod symbolisiert, ebenso der Glaube an die Wiedergeburt. Die Rückbesinnung auf die keltische oder die germanische Religion sowie zum Teil eine spezifisch weibliche Form der Religiosität (Wiccakult) sind weitere Kennzeichen des Neuheidentums.

Zur betonten Abwendung und Abgrenzung vom Christentum und der Hinwendung zur Natur kam im Europa des 19. Jahrhunderts ein nationales Element: Wie die Germanen zum Inbegriff eines freien, unabhängigen, naturverbundenen Volks in Deutschland und den nordischen Ländern wurden, so übernahmen für Großbritannien, Irland und Frankreich die Kelten diese Rolle. Infolgedessen kam es zu Bewegungen der Rückbesinnung auf die keltische Vergangenheit.

Das Neuheidentum versucht, die keltische beziehungsweise germanische Religion als vorchristliche Naturreligion Europas wiederzubeleben. Es beruft sich auf eine durchgehende Kontinuität der keltischen beziehungsweise germanischen Tradition, die im Untergrund die christliche Missionierung bis heute überlebt habe. Diese ungebrochene Kontinuität hat jedoch sehr wahrscheinlich nie existiert. Im Fall von Halloween ist diese Kontinuität eindeutig widerlegt. Die Wiederbelebung des Kelten- beziehungsweise Germanentums erfolgt intuitiv, das heißt subjektiv und selektiv: Es werden nur bestimmte, in das Konzept der modernen Wiederbelebung passende Elemente der Tradition aufgegriffen beziehungsweise solche, die vermeintlich der alten Tradition zugeschrieben werden, die aber nicht zu dieser gehörten. Das wissenschaftliche Bild

Die Nebel von Avalon: Neue Kelten und Druiden

Die Wintersonnenwende am 21. Dezember gehört zu den neukeltischen Festen, bei denen auch ein Druide nicht fehlt wie hier in Stonehenge.

von den Kelten ist gegenüber dem Bild der neuheidnischen Kelten lückenhaft. Gerade diese Lücken haben Raum für die Fantasie neuheidnischer Vorstellungen gelassen. Wie ausgeführt sind die wichtigsten Quellen über die Kelten antiken Schriftquellen, die meistens weder neutral noch objektiv berichten. Auch die keltischen Mythen und Sagen sind, da sie aus mittelalterlicher Zeit stammen, nicht frei von christlichem Einfluss. Die Stoffe bildeten nur die Basis, die im Laufe der Zeit stark überarbeitet wurde.

Neben der vermeintlich keltischen beziehungsweise germanischen Tradition bezieht das Neuheidentum auch theosophische, indianische und schamanistische Vorstellungen und Praktiken ein. Dazu gehören beispielsweise die indianische Verehrung von Naturphänomenen oder die Vorstellung vom Schamanen als Heiler und Vermittler. Neue Druiden treten daher auch als Schamanen auf und halten Schamanensitzungen ab. Das Neuheidentum ist darüber hinaus aufgeschlossen gegenüber dem Buddhismus, dem Hinduismus und naturvölkischen Religionen, vor allem denen der nordamerikanischen Indianer. Im Vordergrund steht aber das Interesse am eigenen »Ethnos« (= Volk), das heißt an den Kelten und Germanen, das nicht zuletzt zur eigenen Identitätsfindung in einer multikulturellen Welt dient. Im weiteren Sinne wird eine Rückkehr zu den eigenen vorchristlichen Wurzeln Europas postuliert. Es werden vor allem das Christentum und das Judentum von ihrem Ursprung her als orientalisch und somit nicht europäisch und daher als fremd empfunden. Das Christentum lehnt man ab wegen seiner Dogmatisierung, Naturfeindlichkeit und der so verursachten Umweltzerstörung sowie seiner Frauenfeindlichkeit. Ferner wird kritisiert, dass das Christentum mit dem Gebot der Nächsten- und Feindesliebe ein in der Alltagspraxis nicht zu verwirklichendes Ideal predige. Beweis für diese Unmöglichkeit sei allein schon die Geschichte des Christentums, zu dessen negativer Seite zum Beispiel die Kreuzzüge oder die Hexenverbrennungen gehören. Dem setzt das Neuheidentum das Gebot der Freundschaft gegenüber Freunden und Clanmitgliedern entgegen, aber Feindschaft gegenüber Fremden und Feinden. Kurz: Nicht das Christentum, sondern das Heidentum sei die für Europa adäquate, passende Religion.

Das Neuheidentum lehnt Dogma und Dogmatik ab. Im Mittelpunkt des religiösen Interesses und der Ethik stehen die Natur und ihre Erscheinungen. Das Neuheidentum versteht sich als Naturreligion im Sinne der Betonung der Einheit mit der als belebt und heilig gedachten Natur. Nicht nur Pflanzen, Tiere oder Quellen gelten als heilig, sondern auch Naturgeister (z.B. Zwerge, Feen), die dem Volksglauben entstammen, werden einbezogen. Ausgangspunkt der Naturverehrung ist die Kritik an der Ausbeutung und Zerstörung von Natur und Umwelt. Daher treten viele Neuheiden auch politisch für einen ökologischen Umweltschutz ein. Die Natur wird oft in Form der Mutter Erde verehrt, die als eigener lebendiger Organismus verstanden wird. Insofern kann man auch von einer Naturreligion oder einer Erdreligion sprechen.

In den 1970er- und 1980er-Jahren kam es in der Esoterikszene im Zuge der Kelten- und Germanenbegeisterung zu vielen Neugründungen von Vereinigungen in

Die Nebel von Avalon: Neue Kelten und Druiden

Europa, vor allem in Großbritannien, Frankreich, den deutschsprachigen und nordischen Ländern, aber auch in den USA. Das Spektrum reicht heute von größeren Vereinigungen bis zu kleinen Gruppierungen. Als Beispiele neukeltischer Gruppen sind zu nennen der Orden of Bards, Ovates and Druids (OBOD) und A Druid Fellowship (ADF) in England, die IMBAS-Organisation in den USA, die Europäisch-Keltische Gemeinschaft (EKG/ECC) in Frankreich und Deutschland sowie die als New Avalon bezeichnete Avalonschwesternschaft in Großbritannien und Deutschland.

Mittelpunkt der Avalonschwesternschaft ist der Mythos um Avalon als »Ort der Seligen« beziehungsweise der verstorbenen Könige und Helden wie zum Beispiel König Arthur. Grundlegend für die Avalon-Schwesternschaft ist der 1982 erschienene Bestsellerroman »Die Nebel von Avalon« (englisch »The Mists of Avalon«) von der amerikanischen Autorin Marion Zimmer Bradley. Ihre Interpretation des Arthurzyklus stellt die keltische Religion als wahre Tradition dar und lehnt das Christentum ab, legt aber vor allem die Betonung auf eine weiblich-feministische Perspektive, die in der keltischen Tradition vorhanden sei, nicht jedoch im patriarchalisch geprägten Christentum. In Deutschland ist die Gruppe als New Avalon präsent. Ziel der Avalon-Schwesternschaft ist es, durch »eine Reise zur Quelle, zum Zentrum, zur Göttin«, das heißt durch die Verehrung der »Göttin«, den »Weg zur inneren Frau« und zum wahren Selbst zu finden (»Werde die Frau, die zu sein du geboren wurdest«). (www.nebelvonavalon.de)

Erwähnenswert ist ferner der Verein Das Dorf, der den Keltenhof in Diex in Kärnten (Österreich) betreibt. Hier versucht man, keltische Tradition und Religion für Besucher erlebbar zu machen und praktisch umzusetzen. Ziel des Vereins ist unter anderem die »Bewahrung, Pflege und Förderung alter Traditionen, Kultur, Kunst, Handwerk und Brauchtum volkskundlicher Natur. Erforschung und Wiederbelebung verlorengegangener

Kelten heute

Die Keltenfeste heutzutage sind bestimmt von dem Wunsch der Besucher nach historischer Information bis hin zur aktiven Teilnahme am Neukeltentum in entsprechender Kleidung. Hier wird im Europäischen Kulturpark Bliesbrück Reinheim (Saar) keltische Schmiedekunst gezeigt.

Traditionen und Kulturgüter, Verbreitung des Gedankens vom Schutz der Natur und der Landschaft. Aktive Pflege und Schutz von Natur und Landschaft auf allen Ebenen. Förderung und Propagierung von naturentsprechender Tierzucht und landwirtschaftlicher Anbau- und Verarbeitungsmethoden.« (www.keltendorf.at) Vorsitzende des Vereins ist Evelyn Grander, die sich selbst als Druidin und Schamanin bezeichnet und in ihren Seminaren und anderen Veranstaltungen Ideen und Elemente keltischer Tradition mit solchen aus asiatischen und indianischen Religionen verbindet.

Zimmer Bradley greift in ihrem Roman auf die Traditionen und Legenden um die Tafelrunde von König Arthur und den Gral zurück. Kennzeichnend für den Roman »Die Nebel von Avalon« ist die Umkehrung der Perspektiven: Nicht aus Männer-, sondern aus Frauensicht, nicht aus christlicher, sondern aus heidnisch-keltischer Sicht wird die Handlung erzählt. Entsprechend stehen nicht Arthur und Camelot, sondern Morgaine und Avalon im Zentrum des Geschehens. Morgaine erscheint nicht als böse Gestalt, sondern positiv als weise Frau mit besonderen Fähigkeiten, als Priesterin der Großen Göttin, die das Heidentum beziehungsweise die Naturreligion vertritt. Auch der Gral und das Schwert Excalibur gelten als heidnisch, nicht als christlich. Der Sieg des Christentums als Sieg des Bösen und der Untergang des Heidentums werden bedauert.

Die Nebel von Avalon: Neue Kelten und Druiden

Das in dem Roman dargestellte Keltenbild entspricht dem der Esoterikszene, ist zum einen davon beeinflusst worden und hat wiederum Einfluss auf die spätere Esoterik ausgeübt. An das erste Buch schließen sich drei weitere Romane an, die die Geschichte fortführen: »Die Wälder von Avalon« (»The Forest House«, 1993), »Die Herrin von Avalon« (»Lady of Avalon«, 1996) und »Die Priesterin von Avalon« (»Priestress of Avalon«, 2000). Auch in den anderen Romanen von Zimmer Bradley (z.B. »Licht von Atlantis«, 1983; »Die Feuer von Troya«, 1988; »Die Matriarchen von Isis«, 1978) fallen zwei Charakteristika auf: die Handlung einer mythischen Geschichte und ihre Darstellung aus frauenspezifischer beziehungsweise feministischer Sicht.

Für eine ganze Reihe neuheidnischer beziehungsweise neukeltischer Kreise steht das Weibliche – als Große Göttin – und eine weibliche Spiritualität im Vordergrund. Die Große Göttin, vor allem im Wiccakult, ist eine Synthese diverser Göttinnen aus verschiedenen Religionen. Der weibliche Aspekt als Sinnbild des

Die Neukelten sehen das Heidentum als die adäquate Religion Europas an. So wird es auch in dem 1982 erschienenen Roman »Die Nebel von Avalon« von Marion Zimmer Bradley dargestellt, eines der bekanntesten Werke des Neuheidentums.

Keltenrenaissance, neue Kelten und Druiden	
1760–1765	Veröffentlichung der »Werke Ossians« des Schotten James Macpherson
1781	Gründung des Druidenordens Ancient Order of Druids (AOD)
1964	Gründung des Druidenordens Order of Bards, Ovates and Druids (OBOD)
1950er-Jahre	Gründung der ersten Vereinigungen des Wiccakultes
1970er-/80er-Jahre	Gründungen vieler neukeltischer Vereinigungen in Europa und in den USA
1982	Marion Zimmer Bradleys Roman »Die Nebel von Avalon« erscheint

Kelten heute

Hexenritual des Wiccakultes in Avebury.

Lebens schlechthin steht hierbei im Vordergrund. Daher ist man in neuheidnischen Kreisen gegenüber feministischen Ideen und Zielen aufgeschlossen. Deshalb zählen viele spezifisch feministisch eingestellte Kreise im neuheidnischen Bereich, so zum Beispiel der moderne Wiccakult, zum neuen Keltentum.

Der Wiccakult sieht sich in der Kontinuität der historischen Hexen. Hexen werden positiv als weise und heilkundige Frauen, oft auch als Schamaninnen verstanden und ihre »Hexerei« als geheimes, magisches Wissen umgedeutet. Das Wort »Wicca« stammt, ebenso wie »witch« (= Hexe), von dem altenglischen Verb »wiccian« (= hexen) ab. Vorreiter des Wiccakultes waren volkskundlich interessierte Gruppierungen im England des 19. Jahrhunderts. Die Entstehung des modernen Wiccakultes ist verbunden mit den Büchern der britischen Anthropologin Margaret Murray (»The Witch-Cult in Western Europe«, 1921), des Amerikaners Charles Leland (»Aradia, or the Gospel of the Witches«, 1899) über den italienischen Hexenkult) und des britischen Schriftstellers Robert Graves (»The White Goddess«, 1947). Als Begründer des modernen Wiccakultes gilt Gerald B. Gardner, dessen Buch »Witchcraft today« von 1954 noch heute für die von ihm gegründete Vereinigung der Gardnerian Wicca maßgebend ist. Gardner postuliert die These, dass sich die Existenz und Tradition historischer Hexen bis in die Gegenwart fortgesetzt hat und deutet Hexen positiv als weise und heilkundige Frauen. Gardner war mit Ross Nichols, dem Begründer des Order of Bards, Ovates and Druids (OBOD) befreundet. Der Gründer des British Druid Order (BDO), Philip Shalcrass, war zuerst Mitglied einer Wiccagruppe und von Robert Graves Buch »The White Goddess« beeinflusst, ehe er zum Druidentum kam. Dies zeigt, dass zwischen dem Wiccakult und dem Druidentum ein Ideenaustausch bestand, der zu einer gegenseitige Beeinflussung führte. Die meisten Wiccagruppen entstanden ab den 1950er-Jahren und erlebten vor allem in den 1960er- und 1970er-Jahren großen Zulauf. Von Interesse für unser Thema ist, dass im modernen Wiccakult etliche Feste im Laufe des Mondjahres mit keltischen Namen bezeichnet werden, um damit den Bezug zur keltischen Tradition zu zeigen:

- 2. Februar: Imbolc (»heilige Hochzeit« von Gott und Göttin)
- 21. März: Ostara (Frühjahrs-Tagundnachtgleiche)
- 30. April / 1. Mai: Beltaine (Walpurgisnacht)
- 21. Juni: Litha (Sommersonnenwende)
- 31. Juli: Lugnasad (Herbstanfang)
- 23. September: Mabon (Herbst-Tagundnachtgleiche)
- 31. Oktober / 1. November: Halloween (Fest der Toten)
- 21. Dezember: Yule (Wintersonnenwende)

Keltisch an diesen Festen sind letztlich nur die Bezeichnungen: Imbolc (Frühlingsanfang), Beltaine (Sommeranfang) und Lugnasad (Herbstanfang). Halloween gilt zwar allgemein als traditionelles keltisches Fest des Winteranfangs, ist aber historisch gesehen nicht keltischen Ursprungs.

Die Kelten und wir: Resümee

Die keltische Kultur war die erste Hochkultur in Mitteleuropa, den Kelten verdanken wir die ersten Städte nördlich der Alpen. Sie verarbeiteten Eisen meisterhaft nicht nur zu Waffen, sondern auch zu Werkzeugen und Geräten, wie sie in ihrer Form bis ins 19. Jahrhundert hinein noch im Gebrauch waren. Angesichts des Ausmaßes der Eisengewinnung und -verarbeitung kann man von einer regelrechten Eisenindustrie sprechen. Ebenso ist es möglich, den intensiven Handel der Kelten bereits als Anfang einer Globalisierung zu bezeichnen. Geht es heute um die europäische Einigung, kann man die Kelten sicher als Vorreiter sehen. Keltische Kunst, vor allem der Goldschmuck der Fürstengräber, fasziniert noch immer Museums- und Ausstellungsbesucher.

Die Kelten sind nicht nur Teil der europäischen Geschichte, sondern auch Teil der Gegenwart. Das zeigen nicht nur die heute noch präsenten inselkeltischen Sprachen, die neukeltischen Vereinigungen, die Druidenreligion, sondern auch die auf der ganzen Welt stattfindenden Keltenveranstaltungen, die Ausdruck des Wunsches sind, keltische Kultur zu erleben. Als Beispiele seien hier erwähnt der International Celtic Congress in Irland, das Festival Interceltique in Frankreich, das High Desert Celtic Festival, die Celtic Woman International Lecture Series und die Celtic Woman Conference, alle drei in den USA, die Irish Faminie Commemoration in Kanada und das Beechworth Celtic Festival in Australien.

Keltische Geschichte und Kultur in der Gegenwart zu erleben, gehört so zur – in unseren Zeiten immer mehr an Bedeutung gewinnenden – Freizeitaktivität, und zwar für die ganze Familie. Es ist eine Alternative zum Alltag und bezieht die – für viele inzwischen fremd gewordene – Natur ein.

Druidische Religionsgemeinschaften, zahlreiche kleinere Druidenorden und neukeltische Vereinigungen zeigen, dass die keltische Religion Bedürfnisse der modernen Religiosität erfüllt – im Unterschied zu den christlichen Kirchen. Verbunden mit ihr ist die Funktion der Sinngebung, ein wichtiger und wesentlicher Aspekt von Religion. Bezüglich des Vorwurfs, das Neuheidentum sei Unsinn und naiv, sei daraufhin hingewiesen, dass ebenso manche Formen christlicher Volksfrömmigkeit einem Betrachter von außen als naiv erscheinen könnten.

Musik, die als »keltisch« gilt, erfreut sich nach wie vor großer Beliebtheit, und auch in der bildenden Kunst kann man beobachten, dass sich moderne Künstler gerne von keltischer Tradition inspirieren lassen. Alle diese Erscheinungsformen der »keltischen Tradition« zeigen das anhaltende Interesse an den Kelten, das auch weiterhin eine Zukunft haben wird.

Auch die zeitgenössische Kunst wird von der keltischen Tradition angeregt, wie hier die moderne Skulptur eines keltischen Kriegers mit Schwert und Schild bei der Tempelanlage auf dem Martberg.

Glossar

Anderswelt (englisch »otherworld«, kymrisch »annwfn«, irisch »síd« = die Welt der Geister)
In irischen Sagen beschriebene Unterwelt, in der Elfen und Feen wohnen; wurde sich wie das Paradies vorgestellt

Arthur (englisch, französich und deutsch »Artus«)
Sagenhafter Heerführer oder König, der um 500 n. Chr. Britannien siegreich gegen die Invasion der Angeln und Sachsen verteidigt; wurde zur bekanntesten Figur der inselkeltischen Literatur.

Avalon
Mystische Insel, wohin der Sage nach der verletzte König Arthur nach seinem letzten Kampf gebracht wurde.

Barde
Dichter und Sänger, die ihre Heldengesänge meist mit der Harfe vortrugen.

Beltaine
Sommeranfang (1. Mai) nach dem irischen Kalender. Angeblich ein ursprünglich keltisches Fest, an dem man das Vieh auf die Weiden trieb.

Bretonisch
Inselkeltische Sprache der Bretagne, die zur britannischen Sprachgruppe gehört.

Britannisch
Keltische Sprachgruppe der Inselkelten, zu der die Sprachen Kymrisch, Kumbrisch, Kornisch und Bretonisch gehören.

Cú Chulainn
Eine der bekanntesten Heldengestalten der irischen Sagen, vor allem in der vom »Rinderraub von Cuailnge«; zeichnete sich schon als Kind durch ungewöhnliche Kräfte aus.

Clan (irisch/schottisch »clann« oder »cenél«)
Familienverband, der sich nach der männlichen Linie auf einen gemeinsamen Ahnherrn zurückführt; typisch für die Gesellschaft in Schottland und Irland; historisch nachweisbar für Schottland erst in der Zeit zwischen 1150 und 1350.

Druide
Keltischer Priester, der gleichzeitig Theologe und Philosoph war und sich auch mit Naturkunde beschäftigte; leitete den Opferdienst. Wir besitzen heute nur wenige schriftliche und überhaupt keine archäologischen Zeugnisse.

Druidenorden
Neukeltische Vereinigung mit dem Ziel der Wiederbelebung der Tradition der Druiden und keltischen Religion; 1781 Gründung des ersten Druidenordens Ancient Order of Druids (AOD) in London; von diesem spaltete sich 1964 der Order of Bards, Ovates and Druids (OBOD) ab; heute außerdem zahlreiche weitere Vereinigungen.

Elfen/Feen (irisch »sìd«)
In irischen Mythen und Sagen beschriebene Bewohner der → Anderswelt; werden oft mit den → Tuatha Dé Danann gleichgesetzt.

Fibel
Spange aus Eisen (seltener aus Bronze), zum Zusammenhalten und Schließen der Kleidung; in Technik und Funktion der Sicherheitsnadel vergleichbar.

Fürstengrab
Aufwendige Grabanlage der gesellschaftlichen Oberschicht der späteren Hallstattzeit; von außen ein Grabhügel mit einem Durchmesser bis zu 50 Meter; innen bestehend aus einer holzvertäfelten Grabkammer, in der der Fürst mit Gebrauchs- und Wertgegenständen als Grabbeigaben bestattet ist.

Fürstensitz
Mit Mauern befestigte Wohnanlage der gesellschaftlichen Oberschicht; aus der späten Hallstattzeit; auf Berghöhen gelegen.

Excalibur
Sagenhaftes Schwert von König Arthur mit magischen Kräften.

Fomóri
In den irischen Mythen beschriebene einäugige, einbeinige Dämonen mit Hundsköpfen.

Gälisch
Sprache der Inselkelten (Schottland), die zur Sprachgruppe des Goidelischen gehört.

Galater
Bezeichnung für Kelten in Kleinasien, die vor allem als Söldner dorthin gelangten; Sie dienten erstmals 278 v.Chr. als Hilfstruppen unter Nikomedes I., König von Bithynien; die antiken Autoren unterscheiden drei Stämme der Galater: die Tolistoagier (auch Tolistobogier), die Trokmer und die Tektosagen; besaßen eine

Glossar

Regierungsform der → Tetrarchie.

Galatisch
Sprache der Festlandkelten, die zum → Gallischen gehörte.

Gallien
Siedlungsgebiet der Kelten in Mitteleuropa in römischer Zeit; die Römer unterschieden Gallia Cisalpina bzw. Gallia Citerior (= Gallien diesseits der Alpen), d. h. Oberitalien und Gallia Transalpina bzw. Gallia Ulterior (= Gallien jenseits der Alpen), d. h. das Gebiet jenseits der Alpen bis zum Rhein und bis zu den Pyrenäen; 27 v. Chr. unter Kaiser Augustus Einteilung in drei römische Provinzen.

Gallier
Keltische Bewohner → Galliens.

Gallisch
Sprache der Festlandkelten, zu der auch das → Galatische gehörte.

Gallischer Krieg
Von Gaius Julius Caesar von 58 bis 51 v.Chr. geführter Eroberungskrieg in Gallien; Caesar berichtete darüber in seinem Werk »Der Gallische Krieg«.

Gallorömische Kultur
Vermischung gallischer und römischer Kultur ab Mitte des 1. Jahrhunderts n.Chr.; Kelten übernahmen einerseits die römische Kultur, behielten andererseits aber eine Reihe keltischer Besonderheiten; es entstanden auch neue Formen in der gallorömischen Kultur, wie z.B. der in Italien unbekannte Umgangstempel; vor allem die adlige Führungsschicht der keltischen Stämme war gegenüber der römischen Kultur und Lebensweise aufgeschlossen und passte sich am schnellsten an.

Goidelisch
Inselkeltische Sprachgruppe, zu der die Sprachen Irisch, Gälisch und Manx gehören.

Golaseccakultur
Kultur im Gebiet der norditalienischen Seen und dem heutigen Tessin (Schweiz) ab dem 8. Jahrhundert bis um 1300 v. Chr. der namengebende Ort Golasecca liegt in der Provinz Varese.

Hadrianswall
Von Hadrian angelegter Verteidigungswall zum Schutz gegen Angriffe der keltischen Stämme Schottlands; der 120 Kilometer lange Wall verlief quer durch Nordengland und bildete rund 300 Jahre lang die Nordgrenze der römischen Provinzen Britanniens.

Halloween (Abkürzung für »All Hallow's Eve« = Allerheiligenabend)
Der Abend vom 31. Oktober auf den 1. November, der als keltisches Fest des Winteranfangs gilt.

Interpretatio Romana
»Römische Interpretation« der Gottheiten nicht römischer Völker, wobei diese die Namen römischer Gottheiten oder einen Doppelnamen mit dem ursprünglichen und dem römischenNamen erhielten.

Irisch
Inselkeltische Sprache, die zur Sprachgruppe des → Goidelischen gehört.

Keltiberer
Kelten, die ganz im Westen auf der Iberischen Halbinsel, genauer im Nordosten des spanischen Hochlandes siedelten; nach Diodor gingen die Keltiberer aus einer Vermischung der Iberer und Kelten hervor; das Gebiet der Keltiberer befand sich seit der Zeit Kaiser Augustus vollständig unter römischer Herrschaft.

Kettenhemd
Schutzhemd keltischer Krieger, das aus kleinen Eisenringen bestand.

Kilt
Knielanger »Schottenrock« mit Karomuster; von dem Engländer Thomas Rawlinson 1730 erfunden; seit dem 16. Jahrhundert waren im schottischen Hochland nur Plaids (Wolldecken) als Schulterdecken (»belted plaids«) mit Karomuster bekannt; den Tartan (das Karomuster) gab es schon früher.

Kornisch
Inselkeltische Sprache (Cornwall), die zur Sprachgruppe des → Britannischen gehört.

Kumbrisch
Inselkeltische Sprache (Nordengland, Südschottland), die zur Sprachgruppe des → Britannischen gehört.**Kymrisch**
Inselkeltische Sprache (Wales), die zur Sprachgruppe des → Britannischen gehört.

Glossar

Lepontisch
Sprache der Festlandkelten.

Manx
Inselkeltische Sprache, die zur Sprachgruppe des Goidelischen gehört.

Merlin
Sagenhafter Druide, Seher und Dichter; vor allem in der Arthurüberlieferung ist er der weise Berater von König Arthur.

Oghamschrift
Keltische Schrift in Irland, die nach römischem Vorbild entstand; sie bestand aus 20 Lauten, die durch Striche und Punkte dargestellt wurden.

Oppidum (Singular Oppidum)
Stadtähnliche Siedlungen der Kelten, die mit Mauern und Toren befestigt waren. Es waren die ersten Städte jenseits der Alpen. Randzonen wurden für Ackerbau und Viehzucht genutzt; die bekanntesten und größten Oppida in Deutschland waren Manching und Heidengraben, in Frankreich Bibracte, Alesia und Gergovia, in Osteuropa Staré Hradisko und Závist.

Ossian
Fiktiver Erzähler der »Werke Ossians«, die James Macpherson als Balladen eines keltischen Barden des 3. Jahrhunderts n.Chr. ausgab und 1765 veröffentlichte.

Stonehenge
Kultanlage, die als keltisch gilt, aber historisch gesehen älter ist: Sie stammt aus der jüngeren Steinzeit und ist zeitlich zwischen 2500–2000 v.Chr. zu datieren. Aber bis heute finden in Stonehenge Veranstaltungen der neuen Kelten und Druiden statt.

Tetrarchie (= Viererherrschaft)
Regierungsform der → Galater in Kleinasien; jeder der drei Stämme teilte sich jeweils in vier Gruppen auf und jede dieser Gruppen wurde von einem Tetrarchen regiert.

Torques (von lateinisch »torquere« = drehen)
Vergoldete Halsringe in gedrehter Form, die von Kelten als Schmuck getragen wurden.

Tuatha Dé Danann (= »die Sippen der Göttin Danann«)
In den irischen Mythen die frühen Einwanderer Irlands; dienten den → Fomóri erst als Knechte und besiegten sie dann; herrschten über Irland, wurden aber schließlich zu Bewohnern bzw. Herren der Unterwelt und als solche mit den → Elfen und Feen gleichgesetzt.

Viereckschanzen
Wahrscheinlich Kultstätten, die vielleicht auch politischen Versammlungen dienten; mit viereckigem Grundriss; von Wall und Mauern oder auch einem Graben umgeben.

Wicca (altenglisch »wiccian« = hexen) Frauen, die sich heute als »Hexen« bezeichnen; knüpfen an die Tradition der historischen Hexen an; sehen diese aber positiv als weise und heilkundige Frauen, oft auch als Schamaninnen und deuten die "Hexerei" als geheimnisvolles, magisches Wissen um.

Museen und Stätten keltischer Geschichte und Kultur

Die folgende Auswahl von Museen ist in alphabetischer Folge nach Städten und Orten aufgelistet. Schwerpunkt sind die Museen Deutschlands, vor allem Freilichtmuseen und Stätten keltischer Geschichte und Kultur. Weitere europäische Museen, die Funde aus keltischer Zeit zeigen, sind im Internet unter www.diekelten.at und www.kelten-info-bank.de zu finden.

Aix-en-Provence/F
Musée Granet: Funde des Oppidums von Entremont (www.museegranet-aixenprovence.fr)

Alise-Sainte-Reine/F
MuséoParc Alésia: ehemalige Festung, in der Vercingetorix von den Römern belagert wurde (www.alesia.com)

Asperg bei Ditzingen/D
»Keltenweg« mit Grabhügeln, z.B. auch das Grab von Hochdorf (www.schwieberdingen.de/freizeit/keltenweg)

Basel/CH
Historisches Museum Basel (www.historischesmuseumbasel.ch)

Belfast/UK
Ulster Museum (www.ulstermuseum.org.uk)

Berlin/D
Museum für Vor- und Frühgeschichte (www.smb.spk-berlin.de/mvf)

Bern/CH
Historisches Museum Bern (www.bhm.ch)

Biebertal bei Gießen/D
Oppidum am Dünsberg, rekonstruiertes Oppidumtor (www.keltenstadt.de)

Bonn/D
Rheinisches Landesmuseum Bonn (www.rlmb.lvr.de)

Brno/CZ
Moravské Muzeum (www.mzm.cz)

Bundenbach/D
Keltisches Freilichtmuseum Altburg (Keltendorf Bundenbach) mit Altburg-Festival am zweiten Augustwochenende (www.bundenbach.de)

Bologna/I
Museo Civico Archeologico (www.iberpbole.bologna.it/museoarcheologico)

Cardiff/UK
National Museum Wales (www.museumwales.ac.uk)

Châtillon-sur-Seine/F
Musée du Châtillonnais: Funde des Fürstinnengrab von Vix (www.musee-vix.fr)

Colchester/UK
Castle Museum (www.colchestermuseums.org.uk)

Como/I
Museo Civico Archeologico (www.musei.it/lombardia/como/civico-archeologico-P. Giovicodi-Como)

Creglingen/D
Oppidum Finsterloh mit Viereckschanze Wermutshausen (www.creglingen.de)

Darmstadt/D
Hessisches Landesmuseum Darmstadt: Funde vom Glauberg (www.hlmd.de)

Dietfurt/D
Freilichtmuseum Alcmona (www.dietfurt.de oder www.alcmona.de)

Dorchester/UK
Maiden Castle: Höhenfestung (www.maidencastle.com)
Dorset County Museum (www.dorsetcountymuseum.org.uk)

Dublin/IRL
National Museum of Ireland (www.museum.ie)

Eberding-Hochdorf/D
Keltenmuseum Hochdorf (www.keltenmuseum.de)

Edingburgh/UK
Museum of Scotland (www.nms.ac.uk/mos/index.htm)

Ferrycarring/IRL
The Irish National Heritage Park (www.wexfordirl.com/Heritage/hpark/main.htm)

Frankfurt am Main/D
Archäologisches Museum Frankfurt (www.archaeogisches-museum.frankfurt.de)

Freiburg im Breisgau/D
Museum für Ur- und Frühgeschichte (www.freiburg.de/museen)

Gabreta bei Ringelai/D
Archäologischer Erlebnispark Gabreta (www.gabreta.de)

Gersheim-Reinheim/D
Europäischer Kulturpark Bliesbruck-Reinheim (www.kulturpark-online.de)

Glauberg/D
Archäologischer Park Glauberg (www.keltenfuerst.de)

Museen und Stätten keltischer Geschichte und Kultur

Hallein/A
Keltenmuseum Hallein (www.keltenmuseum.at)

Hallstatt/A
Museum Hallstatt (www.museum-hallstatt.at)

Herbertingen-Hundersingen/D
Heuneburg-Museum (www.heuneburg.de)

Hochdorf/D
Keltenmuseum, Grabhügel, Teil des »Keltenwegs« zwischen Asperg und Ditzingen (www.schwieberdingen.de/freizeit/keltenweg)

Kelheim/D
Archäologisches Museum Kelheim (www.archaeologisches-museum-kelheim.de)

Ingolstadt/D
Stadtmuseum Ingolstadt: Funde des Oppidums Manching (www.ingolstadt.de/stadtmuseum)

Karlsruhe/D
Badisches Landesmuseum (www.landesmuseum.de)

Kilmurry/IRL
Craggaunowen Park

Kopenhagen/DK
Nationalmuseet: Kessel von Gundestrup (www.natmus.dk)

La Roche Blanche/F
Maison de Gergovie: Geschichte des Oppidums Gergovia (www.ot-grevovie.fr)

London/UK
British Museum (www.thebritishmuseum.ac.uk)

Luxemburg/L
Musée national d'histoire et d'art: Funde des Oppidums vom Titelberg, Grab von Clemency (www.mnha.lu)

Mainz/D
Landesmuseum Mainz (www.landesmuseum-mainz.rlp.de)
Römisch-Germanisches Zentralmuseum (www.rgzm.de)

Manching/D
Oppidum Manching (www.museum-manching.de)

Madrid/ES
Museo Arqueológico Nacional (www.man.mcu.es)

Mittenkirchen/A
Freilichtmuseum Keltendorf (www.mittenkirchen.at/keltendorf)

Meusault/F
Archéodrome de Bourgogne: rekonstruierte Festung von Aiésia (www.archeodrome-bourgogne.com)

Morbach/D
Archäologiepark Belginum: gallorömische Siedlung, gallorömisches Lager (www.belginum.de)

München/D
Archäologische Staatssammlung, Museum für Vor- und Frühgeschichte: Funde von Manching (www.archaeologie-bayern.de)

Nagold/D
Grabhügel »Krautbühl« im Zentrum der Stadt (www.kelten.nagold.de)

Neuchâtel/CH
Musée Cantonal d'Archéologie (www.latenium.ch)

Nonnweiler/D
»Hunnenring« bzw. keltischer Wall auf dem Dollberg. In Jahren mit gerader Jahreszahl findet hier ein internationales Keltenfest statt (www.nonnweiler.de und www.hochwaldkelten.de)

Nürnberg/D
Germanisches Nationalmuseum (www.gnm.de)

Ostheim und Urspringen/D (Rhön-Grabfeld)
Keltische Gräberfelder (www.ostheim.de)

Pischeldorf/A
Archäologischer Park Magdalensberg: römische Siedlung und Hauptstadt des Stammes der Noriker (www.landesmuseum ktn.at)

Pommern/D
Rekonstruierter gallorömischer Tempel auf dem Martberg, Funde vom Martberg im Stiftsmuseum Karden (www.eifel.de)

Prag/CZ
Národiní Muzeum (www.prague-museums.com)

Ribemont-sur-Ancre/F
Centre archeologique departemental: zum Teil rekonstruierte Opferstätte (www.ribemonsurancre.cg80.fr)

Ringelai/D
Keltendorf Gabreta (www.gabreta.de)

Rom/I
Musei Capitolini (www.museicapitolini.org)

Saarbrücken/D
Museum für Vor- und Frühgeschichte (www.vorgeschichte.de)

Steinberg/D
Oppidum-Wall auf dem Donnersberg, Keltendorf – mit »KeltEvent« am letzen Juli- und ersten Augustwochenende (www.kelten-info-ban.de/donnersberg)

Museen und Stätten keltischer Geschichte und Kultur

Saint-Germain-en-Laye/F
Musée des Antiquités nationales: Funde von Alésia, Statuette des Gottes von Bouvray (www.musee-antiquitesnationales.fr)

Saint Léger-sous-Beuvray/F
Centre Archéologique Européen du Mont Beuvray, Musée de la Civilisation celtique: zum Teil rekonstruiertes Oppidum von Bibracte mit Funden (www.bibracte.tm.fr)

Salzburg/A
Museum Carolino Augusteum: Funde vom Dürrnberg (www.smca.at)

Soria/E
Museo Numantino: Funde von Numantia

Speyer/D
Historisches Museum der Pfalz (www.museum.speyer.de)

Stuttgart/D
Württembergisches Landesmuseum: Fürstengrab von Hochdorf (www.landesmuseum-stuttgart.de)

Thalmässing/D
Wiederaufgebaute Grabhügel und rekonstruiertes Keltenhaus in Landersdorf, Keltenfest am dritten Sonntag im September (www.urlaub-im-altmuehltal.de/markt-thalmaessing/index.htm)

Trier/D
Rheinisches Landesmuseum Trier (www.landesmuseum-trier.de)

Tongern/B
Provincial Gallo-Romeins Museum (www.galloromeinsmuseum.be)

Villingen-Schwenningen/D
Franziskaner-Museum Villingen: Funde des Grabhügels von Magdalensberg (museen.villingen-schwenningen.de)

Wien/A
Naturhistorisches Museum (www.nhm-wien.ac.at)

Zürich/CH
Schweizerisches Landesmuseum (www.musee-suisse.ch)

Literatur

Auswahl

Gesamtdarstellungen

Ade, Dorothee; Willmy, Andreas: Die Kelten, Stuttgart 2008

Barnes, Ian (Hg.): Der große historische Atlas der Kelten, Wien 2009

Bellingham, David: Die Kelten. Kultur und Mythen, Köln 2008

Birkhan, Helmut: Kelten Versuch einer Gesamtdarstellung ihrer Kultur, Wien 1999

Cunliffe, Barry: Die Kelten und ihre Geschichte, Bergisch Gladbach 2004

Demandt, Alexander: Die Kelten, München 2006

Dillon, Myles; Chadwick, Nora K.: Die Kelten. Kindlers Kulturgeschichte. Von der Vorgeschichte bis zum Normanneneinfall, Köln 2004

Fries-Knoblauch, Janine: Die Kelten. 3000 Jahre europäische Kultur und Geschichte, Stuttgart 2002

Grewenig, Meinrad Maria: Die Kelten: Druiden, Fürsten, Krieger. Das Leben der Kelten in der Eisenzeit vor 2500 Jahren (Ausstellungskatalog), Annweiler 2010

James, Simon: Das Zeitalter der Kelten. Die Welt eines geheimnisvollen Volkes, Augsburg 1998

Konstam, Angus: Atlas der Kelten, Wien 2002

Krause, Arnulf: Die Welt der Kelten. Geschichte und Mythos eines rätselhaften Volkes, Frankfurt am Main, New York 2004

Kuckenburg, Martin: Das Zeitalter der Keltenfürsten. Eine europäische Hochkultur, Stuttgart 2010

Kuckenburg, Martin: Die Kelten, Stuttgart 2010

Maier, Bernhard: Lexikon der keltischen Religion und Kultur, Stuttgart 1994

Maier, Bernhard: Die Kelten. Ihre Geschichte von den Anfängen bis zur Gegenwart, München 2000

Meid, Wolfgang: Die Kelten, Stuttgart 2007

Müller, Felix: Kunst der Kelten 700 v.Chr.–700 n.Chr. (Ausstellungskatalog), Stuttgart 2009

Percivaldi, Elena: Das Reich der Kelten, Wien 2006

Sandison, David: Schwert und Schild. Die Kunst der Kelten, Augsburg 2000

Wood, Juliette: Die Lebenswelt der Kelten, Augsburg 1998

Zimmer, Stefan (Hg.): Die Kelten. Mythos und Wirklichkeit, Stuttgart 2009

Kelten national und regional

Brauning, Andrea; Burckhardt, Andreas; Dehn, Rolf: Kelten am Hoch- und Oberrhein, Stuttgart 2006

Hessische Kultur GmbH (Hg.): Das Rätsel der Kelten von Glauberg (Ausstellungskatalog), Frankfurt am Main 2002

Höhn, Walter: Auf den Spuren der Kelten an der Rhön. Von der Werra bis zur Fulda und der fränkischen Schweiz, Petersberg 2009

Klein, Thomas F.: Wege zu den Kelten 100 Ausflüge in die Vergangenheit, Stuttgart 2005

Lehmann, Johannes: Teutates und Konsorten. Reise zu den Kelten in Südwestdeutschland, Tübingen 2006

Müller, Felix: Die Kelten in der Schweiz, Stuttgart 2004

Naumann, Friederike: Der Keltenfürst von Hochdorf. Methoden und Ergebnisse der Landesarchäologie in Baden-Württemberg (Ausstellungsbegleiter), Köln 1986

Rieckhoff, Sabine; Biel, Jürgen: Die Kelten in Deutschland, Stuttgart 2001

Verhart, Leo: Den Kelten auf der Spur. Neue Entdeckungen zwischen Nordsee und Rhein, München 2008

Keltische Religion

Green, Miranda: Die Druiden. Die Welt der keltischen Magie, Düsseldorf 1998

Gschlößl, Roland: Im Schmelztiegel der Religionen. Göttertausch bei Kelten, Römern und Germanen, München 2006

Maier, Bernhard (Übers.): Das Sagenbuch der walisischen Kelten. Die vier Zweige des Mabinogi, München 1999

Maier, Bernhard: Die Religion der Kelten. Götter, Mythen, Weltbild, München 2001

Maier, Bernhard: Die Druiden, München 2009

Literatur / Webseiten

Neue Kelten und Druiden

Peters, Ulrike: Esoterik (Reihe Schnellkurs), Köln 2005

Schweidlinka, Roman: Mutter Erde, Magie und Politik. Zwischen Faschismus und neuer Gesellschaft, Wien 21987

Weißmann, Karlheinz: Druiden, Goden, weise Frauen. Zurück zu Europas alten Göttern, Freiburg, Basel, Wien 1993

Winkler, Eva-Maria: Kelten heute. Das Keltenbild in der Moderne von der Wissenschaft bis zur Esoterik, Wien 2006

Antike Quellen

Ausonius Mosella, übers. v. Bertold K. Weis, Darmstadt 1989

Gaius Julius Caesar: Der Gallische Krieg, übers. v. Georg Dorminger, München 1973

Diodor von Sizilien: Historische Bibliothek, übers. v. Julius Friedrich Wurm, Stuttgart 1827

Herodot: Das Geschichtswerk II, übers. v. Theodor Braun, Berlin, Weimar 1967

Pausanias: Reisen in Griechenland, übers. v. Ernst Meyer, Darmstadt 1986–1989

C. Plinius Secundus der Ältere: Naturkunde, übers. v. Roderich König und Gerhard Winkler, Darmstadt 1985

Strabon: Erdbeschreibung, überst. Christoph Gottlieb Groskurd, Hildesheim 1988

Tacitus Agricola, übers. Georg Dorminger, München o. J.

Tacitus Agricola: Annalen, hg. v. Carl Hoffmann, Wiesbaden o. J.

Webseiten

Kelten allgemein
www.diekelten.at
www.kelten-info-bank.de

Archäologie und Forschung
www.keltenmuseum.de
www.keltenblock.de

Neukeltentum
www.druidnetwork.org
www.keltia.de
www.druidy.org

Register

Personenregister

Agricola 64, 65
Alexander der Große 39, 40, 92
Ammianus Marcellinus 17, 64, 93, 95
Antiochos Hierax 41
Antiochos I. 41
Antiochos III. 41
Ariovist 47, 48
Athenaois 9, 14, 93, 114, 135
Attalos I. 41
Augustinus 82
Augustus 42, 44, 45, 51, 54-55, 83

Balliol, John 76, 78
Blathmac mac Con Brettan 71
Boudicca 64, 65, 96-97, 98
Brennos 37, 39
Brian Boru 72, 74
Brigit 68-69
Bruce, Robert 77, 78
Búithe 68, 71

Caesar 9, 11, 14, 19, 20, 21, 29, 37, 45, 46, 47, 48-49, 50, 51, 52, 54, 61, 63, 65, 83, 86, 87, 88, 89, 97, 104, 107, 115, 116, 118, 119, 120, 121, 122, 123, 126, 130, 153, 159, 166
Cartimandua 97, 98
Cassius Dio 96
Celtillus 87
Chiomara 97
Chrétiens de Troyes 143, 148
Claudius 63, 64, 124
Columba 68, 69, 71, 78
Columbanus 68, 69, 70, 71
Constantius I. 51, 57
Constantius II. 57
Cromwell, Oliver 74, 75

Dallán Forgaill 71
Deiotaros 41, 42, 44
Diodor von Sizilien 9, 14, 17, 18, 34, 35, 43, 44, 86, 87, 91, 93, 94, 95, 117, 119, 120, 128
Dionysios I. 92
Dionysios II. 92
Diviciacus 123

Dumnorix 87
Duncan I. 76

Eduard I. 76, 78, 81, 82
Eduard II. 81, 82
Ephoros von Kyme 35, 43
Eumenes II. 41

Finn mac Cummaillaren 140
Fitz Gilbert de Clare, Richard 73
Fitzgerald, Gerald 140
Frazer, James George 160-161
Heinrich von Freiberg 149
Fürst von Glauberg 32, 119
Fürst von Hochdorf 25, 27, 108, 109, 119, 131

Gallus 70, 71
Gardner, Gerald B. 173, 174-175
Geoffrey von Monmouth 60, 142-143, 147
Goscinny, René 158, 161
Gottfried von Straßburg 146, 148
Grander, Evelyn 172
Graves, Robert 174-175
Grimm, Jacob und Wilhelm 156
Gruffudd ap Llywelyn 81

Hannibal 38, 92
Heinrich II. 73, 74
Heinrich VIII. 73, 74
Hémon, Roparz 153
Herodot 14, 43
Hieronymus 42
Homer 21, 35, 154
Hurle, Henry 163

Isidor von Sevilla 14, 17

Joyce, James 156, 151
Julius Civilis 55
Julius Classicus 56
Julius Sabinus 56
Julius Tutor 56
Julius Vindex 55

Kenneth mac Alpin 76, 78
Kevin 68, 71
Kilian 70, 71
Klaudios Ptolemaios 61
Knox, John 79
Konstantin 51, 57

Leland, Charles 174
Lhuyd, Edward 152
Livius 35, 97
Lynch, John 151

Mac Fhir Bhisigh, Dubhaltach 151
MacDonald, Alexander 141
MacDonald, John 141
MacGregor, James und Duncan 140-141
Macpherson, James 78, 153, 154-155, 161, 173
Malcolm III. 76
Malory, Thomas 143
Maria Stuart 77, 78
Meyer, Kuno 151-152
Mithradates VI. 42
Morison, Roderick 141
Muireadhach Albanach O Dálaigh 140
Murray, Margaret 174

Nichols, Ross 163, 175
Nikomedes I. 38, 40

O'Flaherty, Roderick 151
Orgetorix 87, 88

Palladius 67, 74
Patrick 67-69, 74
Paulus 6, 36, 42
Pausanias 19, 39, 86, 90
Pharnakes I. 41
Plinius der Ältere 14, 35, 120, 122, 123
Plutarch 34, 95, 97
Polybios 14, 35, 43
Pompeius Trogus 35, 42, 44
Poseidonios 9, 14, 43, 93, 98, 114, 119, 120, 123, 135
Prosper von Aquitanien 67
Prusias von Bithynien 41
Ptolemaios II. 92
Ptolemaios IV. 41

Rawlinson, Thomas 155
Rhodri Mawr 81

Scott, Sir Walter 155, 161
Seleukos II. 41
Sertorius 45
Strabon 9, 14, 19, 35, 39, 43, 46, 61, 66, 87, 92, 117, 120
Stukeley, William 60

Personenregister bzw. Orts- und Stichwortregister

Tacitus 14, 21, 61, 63, 64, 87, 89, 95, 96, 97
Tennyson, Alfred 156, 161
Timaios von Tauromenion 35
Toirdelbach Ua Conchobair 72
Tolkien, John Ronald Reuel (J.R.R.) 6, 157–158, 161
Türheim, Ulrich 149

Uderzo, Albert 158, 161

Vercingetorix 12, 45, 49–50, 51, 56, 87, 89
Virgil 70, 71
Viriatus 45
Vouga, Emile 29

Wallace, William 77, 78

Yeats, William Butler 156, 161

Zeuss, Johann Kaspar 151
Ziaëlas 41
Zimmer Bradley, Marion 171, 172–173

Orts- und Stichwortregister

Alanen 51, 57
Alemannen 46, 57
Alesia 49, 50, 51, 52
Ambronen 47
Anglonormannen 73–74, 77, 141
Ankara (Ankyra) 40–43, 151
Aran Islands 62
Arevaker 44
Arraskultur 62–63, 65
Arverner 49, 89
Asturer 44, 45
Aylesford-Swarling-Kultur 30, 63, 65

Barden 18, 94, 120, 135, 136, 140, 164
Bataveraufstand 51, 55, 56
Belger 47, 48, 57, 63
Belgrad (Singidunum) 40, 151
Beller 44
Beltaine 160, 175
Beronen 44
Bibracte (Mont Beuvray) 48, 52

Boier 35, 36–37, 38, 118
Bologna 36, 150
Bonn 126, 151
Brescia 36, 150
Bretonisch 10, 60, 62, 83–84
Briganten 97
Bronze 24, 25, 62, 90, 101, 105, 108, 129, 130
Bronzezeit 21, 22–23, 61, 83, 102, 106, 113, 129
Brukterer 56
Buch des Dekans von Lismore 140
Buch von Ballymote 137
Buch von Lecan 137
Bundenbach 16
Burgunder 46, 51, 58

Camp-de-Châtillon (bei Salins-les-Bains) 23
Cenomanen 35, 36, 37, 38
Chamalières 127
Chartres 55, 121, 135, 150
Châtillon-sur-Glâne 23
Châtillon-sur-Seine 27
Chiusi (Clusium) 36
Clans 77, 78–80, 131
Coligny 123
Coriosoliter 83

Deer 79, 133
Dijon 127
Druiden 7, 15, 18, 20, 55, 107, 116–117, 120–124, 133, 139, 153, 158, 159, 162–175
Dublin 73, 74, 152
Dürrnberg (bei Hallein) 24, 102, 103, 105, 109, 132
Durrow 68, 78, 79, 133

Einwanderung 14, 33, 35, 61, 63, 83
Eisen 22, 23, 24, 28, 55, 90, 99–107, 129, 130, 132, 176
Eisenverarbeitung 65, 100, 129
Eisenzeit 7, 8, 9, 21–22, 29, 60, 61, 83, 129
Elefantenschlacht 41
Etrusker 14, 28–29, 31–32, 34, 36, 37, 104, 119

Felle 28, 102, 104–105, 107
Feste 160–161, 164, 175
Fibel 54, 96, 108, 128, 129, 130
Finnzyklus 137, 156
Franken 16, 22, 46, 51, 58
Fürsten 22–29, 32, 49, 86–94, 118
Fürstengräber 9, 30, 31, 44, 105, 108, 109, 119, 130, 176
Fürstinnen 27, 28, 33, 64, 94–97, 139

Gaesaten 92
Galatisch 10, 42
Gälen 76
Gälisch 10, 60, 61, 76, 77, 78, 154, 150, 155
Gallischer Krieg 48, 51, 54, 61, 87, 89
Gallisches Mauerwerk 52–53
Gelbes Buch von Lecan 137
Gergovia 49, 52
Germanen 9, 11, 15, 19–20, 22, 46–47, 48, 52, 56, 65, 89, 91, 120, 121, 126, 132, 134, 167, 168, 170
Gewandnadel 54, 128
Golaseccakultur 33
Gold 27, 28, 36, 37, 47, 62, 102, 104, 105, 108, 128, 130, 135
Goldschatz von Broighter 65–66
Goldschmuck 26–27, 32, 33, 130, 176
Götter (Gottheiten) 20, 39, 64, 107–120, 122, 124–128
Grabanlagen 24, 109
Grabbeigaben 115, 119, 132
Griechen 19, 29, 31, 94, 119, 134, 163

Hadrianswall 65
Haeduer 47, 48, 51, 52, 55, 57, 87, 89
Halloween 6, 160–162, 168, 175
Hallstatt 102–103, 153
Hallstattkultur 7, 8, 10, 21, 22–29, 30, 62, 100, 102, 108, 109

Register

Hallstattzeit 13, 29, 30, 31, 86-87, 89, 99, 104, 106, 112, 130, 131
Halsring 26, 32, 54, 66, 86, 87, 90, 128, 130, 132
Handschriften 79, 133-134, 136-137, 140-141, 152
Helvetier 47, 48, 87, 88, 89, 97
Heuneburg 23, 27, 28, 31, 104
Hirschlanden 25, 129, 131
Hochdorf 25, 27, 44, 108, 109, 115, 119, 131
Hochscheid 127
Hohenasperg 23, 27
Hunsrück-Eifel-Kultur 30

Ikener 65, 96
Ingolstadt 53
Inishmore 62
Inschriften 33, 43, 107, 110, 113, 124, 134
Insubrer 36-38
Iren 65-85, 136, 137, 154
Irisch 10, 60, 61, 150-153

Jakobitenaufstand 77, 78, 155

Kaledonier 21
Kalender 123
Kannibalismus 47, 66
Kantabrer 44, 45
Kappel 44
Karthago 37, 38, 44, 45, 46
Kells 78, 79, 133
Keltiberer 8, 38, 43-45, 47
Keltiberisch 10, 43-45
Kessel von Gundestrup 111, 129, 132-133
Kettenhemden 90, 106, 129
Kilt 155-156
Kimbern 47
Kinder 33, 97, 108-109, 161
Klöster 65, 68-82, 140, 141
Königszyklus 137
Kornisch 10, 60, 62, 150
Kultstätte 29, 113-114, 127, 128, 134, 163
Kumbrisch 10, 60, 62, 76, 150
Kymrisch 10, 60, 61, 81, 150, 152

La Tène 29-30, 153
La-Tène-Kultur 7, 8, 10, 29-33, 39
La-Tène-Zeit 13, 22, 29-33, 52-53, 65, 74, 86, 89, 103, 106, 108, 113, 131, 132, 133, 134, 135
Lincoln 64
Lindisfarne 65, 72
Lingonen 35, 36
London (Londinium) 64, 96, 145, 151, 163
Lusitanier 44, 45

Magdalensberg 25, 44
Maiden Castle 62, 65
Mailand (Mediolanum) 36, 37, 150
Manching 52-53
Manx 10, 60, 61, 150
Marnekultur 30, 63
Marseille (Massalia) 27, 29, 31, 61, 104, 115, 119
Martberg 125, 127, 134
Massaker von Glencoe 77, 78
Matronen 125-127
Menschenopfer 13, 18, 55, 107-120, 124
Missionare 65-75, 78
Mistel 122-123
Mont Lassois 23, 27, 31
Münzen 89, 102, 105, 112, 124, 130, 134

Nantes 84
Nervier 48
Numantia 44, 45

Oghamschrift 71, 134
Opfergaben 29, 62, 102, 115, 130, 132, 164
Opferkult 20, 120, 124
Opferung 116-117
Oppida (Oppidum) 47, 50, 51, 52-53, 55, 103, 127
Oppidakultur 31, 52-53
Ossianischer Zyklus 137, 156

Pelendonen 44
Phokäa 29
Pikten 60, 65, 76, 78
Priester 86, 120, 122, 172
Púchovkultur 30

Redoner 83
Rimini 36, 37, 151
Rundhäuser 66

Salz 23, 24, 99, 102, 104
Salzabbau 103
Salzgewinnung 24, 102
Samniten 37
St. Gallen 70
Santonen 48
Schädelkult 107-120
Schamane 122, 124, 163, 169, 172
Schamanismus 167
Schiffe 27, 29, 53, 63, 67, 104-105, 106, 139
Schlacht von Aquae Sextiae 47
Schlacht von Arfderydd 147
Schlacht an der Allia 35, 36, 38
Schlacht von Bannockburn 77, 78
Schlacht von Camlann 146
Schlacht von Culloden 156
Schlacht von Sentinum 37, 38
Schlacht von Stirling Bridge 77, 78
Schlacht von Telamon 37, 92
Schlacht am Vadimonischen See 37
Schmuck 24, 26-27, 32, 52, 54, 102, 104-105, 106, 128-135
Schotten 77, 78, 136, 154, 156, 173
Scoten 65
Senonen 35, 36-37
Sequaner 47, 89
Sklaven 28, 38, 41, 58, 71, 86, 88, 89, 104, 118
Skordisker 40
Skythen 119
Söldner 40, 41, 77, 92
Sparta 92
Spartacusaufstand 38
Stonehenge 7, 14, 60-65, 153, 163
Streitwagen 31, 89, 90, 91
Sueben 51, 57
Sugambrer 51, 55

Tartan 156
Tektosagen 40, 115

Tempel 38, 53, 54, 98, 113, 114, 115, 117, 124–129, 134
Tenkterer 51, 55, 56
Tetrarchie (Tetrarch) 40, 42, 44
Teutonen 47
Tiguriner 47
Tolistoagier 40
Torques 26, 27, 33, 62, 65, 87, 105, 112, 130, 131
Treverer 51, 55, 56, 110, 127
Trier 42, 51, 55, 56–57, 113, 150
Trokmer 40
Tylis 40

Ubier 56
Uetliberg 23

Ulsterzyklus 137
Umbrer 37
Urnenfelderkultur 22–23, 100
Usipeten 51, 55

Vandalen 51, 57
Veneter 29, 35, 37, 48, 83, 104
Verona 36, 150
Viereckschanzen 107, 113–114
Vix 25, 27, 94

Waffen 24, 29, 31, 32, 52, 62, 86, 89, 90, 91, 100, 115–116, 121, 128–135, 176
Wagen 18, 23, 24, 26–27, 31, 33, 91, 96, 105, 106, 108, 135

Waldalgesheim 30, 33, 94, 131, 132
Waliser 136, 154
Weiheinschriften 125, 126, 134
Wein 18, 19, 28, 34, 55, 57, 93, 104
Werkzeuge 24, 100, 102–103, 129, 176
Westhallstattkultur 10, 23, 29
Wiccakult 167, 168, 173, 174–175
Wikinger 72–73, 80, 81

York 64, 151

Bildnachweis

Aus: Ade, Dorothee; Willmy, Andreas: Die Kelten, Stuttgart 2008 96
Aus: Bellingham, David: Die Kelten. Kultur und Mythen, Köln 2008 139, 149
David, Wolfgang, kelten römer museum manching, Manching 53
dpa picture alliance, Frankfurt am Main 15 (epa PA Melville), 20 (Anzenberger-Fink), 32 unten (akg images), 43 (Lou Avers), 56 (CHROMORANGE), 73 (imagestate/HIP/The British Library), 84 (akg images/Werner Forman), 130 (imagestate/HIP/Barbara Heller), 133 unten (akg images), 160 (Bildagentur-online/TIPS-Images), 162 (PA), 165 (AFP Pain), 169 empics/Ben Birchall), 172 (Becker & Bredel)
Aus: Green, Miranda: Die Druiden. Die Welt der keltischen Magie, Düsseldorf 1998 67, 97, 117, 120, 123, 174
Aus: James, Simon: Das Zeitalter der Kelten. Die Welt eines geheimnisvollen Volkes, Augsburg 1998 16, 27 unten, 90, 95, 109, 132, 146
Aus: Krause, Arnulf: Die Welt der Kelten. Geschichte und Mythos eines rätselhaften Volkes, Frankfurt a. M., New York 2004 13, 23, 50, 141, 157
Aus: Kuckenburg, Martin: Die Kelten in Mitteleuropa, Stuttgart 2004 18, 24, 28, 30, 32 oben, 34, 37, 42, 55, 92, 94, 103, 106 unten, 115, 116, 128 unten, 131, 144
Aus: Kuckenburg, Martin: Die Kelten, Stuttgart 2010 69, 81, 112, 118, 133 oben, 151
Aus: Naumann, Friederike: Der Keltenfürst von Hochdorf. Methoden und Ergebnisse der Landesarchäologie in Baden-Württemberg, Köln 1986 (Ausstellungsbegleiter) 26, 27 oben
Aus: Percivaldi, Elena: Das Reich der Kelten, Wien 2006 39, 45, 64, 66, 75, 76, 79, 80, 88, 91, 105, 110, 111, 136
Peters, Dr. Ulrike, Bonn 8, 10, 52, 86, 98, 99, 100, 101 oben, 101 unten, 104, 106 oben, 107, 108, 125 oben, 125 unten, 127, 128 oben, 177
Spenlen, Jeanette, Bonn 61, 68, 72
Urban, Prof. Alexander, Brandenburg an der Havel (Karte) 178/179
Aus: Vollkommer, Rainer: Das römische Weltreich, Stuttgart 2008 48
Wikipedia 154